教育課程・保育計画総論

―乳幼児期から小学校教育へつながる計画―

戸田雅美
西本　望　編著

榎本眞実
金澤妙子
久米裕紀子
迫　共
永倉みゆき
北村都美子　共著

建帛社
KENPAKUSHA

はじめに

子どもたちは未来を生き，未来を創っていきます。そして，豊かな未来を創るためには，子どもたち一人ひとりの今，この瞬間（とき）が，人としてわくわくするような，生きる喜びに満ちたものであることが大切です。保育は，一人ひとりの子どもにとってそんな素敵な日々を創造し，そこから子どもたちの未来を創る仕事です。

では，どうしたらそのような保育の日々を創造することができるのでしょう。一人ひとりの姿から，その「どうしたら」をイメージして，現実の保育につなげていくための手がかりになるのが，保育にかかわる様々な「計画」です。自分の考え（計画）が子どもの笑顔や育ちにつながり，共に保育をする保育者同士が，それぞれの考えを生かしつつも同じ方向の保育を目指してチームとなる。さらに，そこに保護者や地域の方たちとも連携していければ，よりよい保育になりそうです。計画は法的にも決められているものではあります。しかし，だからといって計画を立てるのではありません。何のために計画を立てるのか，それは自分の考える保育を子どもや他の保育者，保護者や地域の方たちとともに実現するという本来の目的を忘れずに保育者と子どもが主体性を発揮できる保育のためであるということを，心にとめて学んでいきましょう。

本書は，理論編と実際編で構成されています。理論編では，法的背景や過去の保育者たちが工夫を重ねた歴史など保育に必要な知識を身につけ，実際編では，経験豊富な執筆陣による計画例と解説を読むことで，丁寧に考えられ，保育のイメージが見えるように選ばれた言葉で表現されていることを発見し，保育を実践するための理解を深めてください。両編を通して，実践に即し，そこに生きる子どもと保育をイメージできるよう具体的に書かれています。

本書を読み解くことで，保育の理論と計画の具体例を深く学び，保育者と子どもが生き生きと主体性を発揮し未来を拓く保育のための計画を，あなたもデザインしてみましょう。

2023年 4 月

編者　戸田 雅美
西本　　望

目次

Ⅰ．理論編

Ⅱ．実　際　編

I. 理 論 編

第1章 教育・保育における計画と評価

予習課題

1．幼稚園，保育所，幼保連携型認定こども園における保育の目標やねらいおよび内容はどのようなものか。幼稚園教育要領（以下，要領），保育所保育指針（以下，指針），幼保連携型認定こども園教育・保育要領（以下，教育・保育要領）（3つ合わせて以下，要領・指針等とよぶ）にどのように書いてあるかを確認してみよう。

☛ 目標は，幼稚園は学校教育法第23条，保育所は指針の第1章総則，幼保連携型認定こども園は，就学前の子どもに関する教育，保育等の総合的な提供の推進に関する法律（認定こども園法）第9条（教育・保育要領の第1章総則）を確認してみよう。幼稚園，保育所，幼保連携型認定こども園も，育みたい資質・能力等が，第1章総則にあり，ねらいと内容は，第2章にある。保育所と幼保連携型認定こども園については，養護のねらいと内容も確認しておこう。

2．幼児教育・保育では，その発達の特徴をふまえて，生活や遊びを通して育つことを援助していくことになっている。生活や遊び，とくに遊びは，子どもたちの自発的な活動とされている。自発的な活動である遊びや子どもたちが主体性を発揮できる生活とは，具体的にはどのようなものか。これまでに学んできたことを，ノート等にまとめておこう。グループでも話し合ってみよう。

☛ 幼稚園は，要領の第1章総則の第1幼稚園教育の基本を，幼保連携型認定こども園は，教育・保育要領の第1章総則第1の1幼保連携型認定こども園における教育及び保育の基本及び目標等を，保育所は，指針の第1章総則の1（3）保育の方法・（4）保育の環境を確認してみよう。

☛ ボランティアや見学，授業で視聴した映像などから，その時の子どもの姿や保育者の援助，子どもが自由にかかわれる環境などについて思い出して，子どもが主体的に生活し，遊びを展開する姿をノート等にまとめておこう。

1. はじめに

0歳から就学前までの保育は，計画を立てて行うことになっている。では，計画を立てる時に，基本的に考えておくべきことはどのようなことだろう。また，計画には，どのような種類があるのだろう。

ところで，そもそも保育にはなぜ計画が必要なのだろうか。例えば，小学校以上の場合には，教科書があり，学ぶ時間や順番も決まっていることを考えれば，教育する側に計画があることは容易に想像できる。しかし，子どもたちが主体性を発揮し，遊びを中心に育てることになっている保育の場合，どうやって計画を立てるのだろうか。保育者が，計画を立ててしまうと，計画に縛られてしまって，子どもたち一人ひとりがそれぞれの思いを発揮することができなくなることはないのだろうか。日常生活では，計画とは，計画通りに進めることがよいことが多い。保育者が計画を立てるので，子どもが主体性を発揮することが，はたして可能なのかという疑問は当然もつだろう。とはいえ，計画もなしに，大切な子どもたちの未来にも，保護者や社会へも責任を果たすことはできない。

では，必要性を認識した上で，子どもの主体性を生かし，さらに，子どもの生活が豊かなものになる計画を立てることが可能だろうか。子どもたち自身によって遊びが主体的に進められ，わくわくするような展開をし，その上で，子どもたちの育ちが保障されるような計画は可能なのだろうか。

そこで本章では，最初に，幼児期の保育の計画を立てる上での基本とすべき事柄について確認した上で，計画にはいくつかの種類があり，それぞれが関係し合って機能するようになっていることを考えてみよう。次に，すでに述べたような疑問を心にとめつつ，計画の必要性について考えてみたい。最後に，保育の計画の考え方の核心について，具体的に子どもの姿や保育の展開を例に，保育の計画の本質に迫ることとしたい。

2. 保育の計画を立てる基本

(1) 要領・指針等に示された保育の目標やねらいおよび内容を確認する[1)]

予習課題1．で，現在の日本における保育の目標などを再確認できたと思う。保育の計画を立てる上で，保育の目標，ねらいおよび内容を押さえておくことはとても重要である。また，その中で，幼稚園，保育所，幼保連携型認定こども園は，それぞれのもつ特徴によって少し違いはあるけれども，同じ現在の日本で育つ子どもであるという点から，ほぼ同じねらいおよび内容，そして，それが育つことの先に，3つの資質・能力の基礎と幼児期の終わりまでに育つことが望まれる10の姿がその方向として示されている。

また，実際の保育において，同じ園で保育者によって育てたい方向が違っていては，子どもにとってよいわけがない。保育者によっては，全員に，跳び箱や読み書き計算など，小学校的な活動をさせるべきだという者もいるであろう。また，このような小学校の先取りの活動は，保護者の希望としても期待され，支持されることも少なくない。さらに極端な場合には，指導法次第ではできるとして，早期に難しい運動や漢字などを教えるべきだという考えもある。

まったく反対に，就学前なのだから，子どもはただ自然のままに，保育者もそれぞれの自然の感覚で保育するべきだという考えもある。その場合，子どもたちは，自然のままなので，遊具の取り合いでも力の強い子が常に遊具を自由に使うなどということが起こる。保育者も，子どもたちがけんかを始めたら「けんかはいけない」と叱り，「お約束」を保育者が決め，守らない子どもを叱る保育になってしまうこともある。自然というと，よさそうであるが，実際には，子どもを放任する保育になってしまうこともある。

少なくとも，予習課題1．で確認した通り，保育の目標やねらいおよび内容をふまえて考えることが必要である。しかし，みなさんの中にも，小学校の準備のような保育を体験したという人や保育者が決めた「お約束」が多かったため，それに反する行動とみなされると「い～けないんだ！　先生に言ちゃおう！」などと友だちがすぐに言いつけていたという記憶がある人もいるだろう。しかし，保育の中でこういう出来事が少しもあってはならないということではなく，日々の生活の中で多様な活動や出来事がありつつも，大筋としては要領・指針等に即して保育が行われていることが重要なのである。

少なくとも，子どもとかかわる保育者，そして保護者，地域の人々が，子どもの育つ方向として目指すべきことは何か，就学前の保育とはどうあるべきかの基本的な方向性だけはしっかりと共有すべきである。それがないと，例えば，同じ園にいても，その時々かかわった保育者によって考え方や方向性が違ってしまうので，子どもが，それぞれの保育者の顔色をうかがって行動するということが起こってしまう。もちろん，落ち着いて柔らかい雰囲気や元気で活発な人など，その人らしい個性を発揮して子どもとかかわることは，子どもの人的環境を豊かにする。ただし，保育にあたって，要領・指針等の示す方向性は，保育者全員が目指すべきものとして共有しておく必要がある。その意味では，予習課題1．で確認したことは，現在の日本において，すべての保育者が保育のあり方やその中での子どもの育ちの方向を考える上で，常に参照し，大切にする必要があるものだということができる。したがって，計画を立てる時にも，これらの大きな方向性を基本に置くことが大切になる。

（2）それぞれの園の目標について園長を中心に考えを共有する

日本における幼稚園，保育所，幼保連携型認定こども園において，ほぼ同じ目標やねらいおよび内容が定められているとしたら，どの園でも同じような保育を行わなければならないのだろうか。実は，保育においては，それぞれの園の歴史や環境，地域の特徴や実態，何よりも，その園で育つ子どもの実態を生かすことの重要性が求められている。それは，園の教育・保育の目標として，各園で，園長を中心とし，保育者全員で話し合って決めるものである。実は，要領・指針等に定められているものをふまえつつも，それぞれの園の特色を生かした，園の教育・保育目標を保育者全員でデザインすることが求められている。これが，カリキュラム・マネジメントといわれることの１つである。この点は，後で少し詳細に述べることとする。

例えば，以下に示した園の教育目標は大学の附属園のもので，「愛情，勤勉，聡明」は，大学も含めたこの学園全体の生活信条である。その特色を生かして，園の保育者全員で考えたものが，この園の教育目標である。この園は，大学の構内にあるため，大学の自然豊かなキャンパス全体を保育に活用することもでき，また，園庭には大きな木や動植物が多く，子どもたちにとっては身近なものになっており，その特徴が現れている。

愛情：友だちや生き物を思いやり，命を大切にするやさしい子

勤勉：大切なことに真剣に向かい，力いっぱい取り組むたくましい子

聡明：ものごとを広い心でとらえ，深く考える子

（東京家政大学附属みどりケ丘幼稚園の教育目標）

また，次は，公立の園の教育目標である。上記のものとは，大きく違う特色があることがわかるだろう。この園のある地域は都会であってあまり広い園庭もなく，上記の附属園のようには身近に自然も多くはないけれども，この地区の行政が人権教育に力を入れていること，そして，人と人とのふれあいが豊かな人情味あふれる地域であることを考慮したものと考えられる。

人権尊重の精神を基調として，心豊かでたくましい幼児の育成を目指し，乳幼児期にふさわしい体験を通して「生きる力」の基礎となる人間としての「根っこ」を育てる

- げんきいっぱい　えがおいっぱい
- じぶんだいすき　みんなもだいすき
- どきどきはっけん
- わくわくちょうせん
- もぐもぐかんで　もりもりたべる

（東京都台東区立石浜橋場子ども園）

読んでみてどうだろう。この２つの園の目標には，それぞれの特徴や共通する点はあるだろうか。まず，書き方については，かなり違う印象をもつだろう。園の目標の場合，前者のような，「○○な子」というような，育てたい子どもの姿が端的に表されている例が比較的多く見られる。それに比べ，後者のほうは，絵本の中の言葉のような感じで，具体的に子どもたちがどんな姿でこの園で生活し，遊びながら，どんなふうに育っていってほしいかが，表現されている。どのような書き方で表現すれば，園の保育者も保護者も，同じ目標を共有できるかが大切なことで，書き方に決まりがあるわけではない。

さて，みなさん自身で他の園の目標についても調べてみよう。また，それぞれの園が，自然豊かな地域にある園なのか，どのような歴史や人々の暮らしの地域の園なのか，園の規模なども調べてみよう。

園の目標は，園長を中心としながらも，園の保育者全員で策定するので，その園の特徴や，その特徴を生かした保育の方向性が見えたり，書き方にも園独自の工夫がある。ただし，この２つの園の目標を見ただけでもわかる通り，表現の仕方も，内容も園の特色が出ているけれども，（1）で述べた，要領・指針等に示された保育の目標やねらいおよび内容から大きくはずれているものではないことも確認できる。つまり，要領・指針等に示された保育の目標やねらいおよび内容に向かった保育から，大きくはずれることは決してない。園の目標の言葉を見てみると，そこには，要領・指針等にあるような文言が，その背景として意識されていることが見て取れる。例えば，幼児期の教育は生涯にわたる人格形成の基礎とされている。けれども，そのことは，どちらの園の園目標からも読み取ることができる。

つまり，そうした基本をふまえた上で，さらに，その園の環境や地域の特性をよりよく生かすように，各園が独自に策定しているのが園の目標である。当然のことながら，計画を立てる時にはいつでも基本として園の目標に立ち戻らなければならない。実際に，保育者として園に就職して計画を立てるときには必ずすべきことである。また，たとえ実習生としてであっても，各園独自の園の目標を確認するようにしよう。

3．保育の計画の種類とそれぞれの役割

(1) 保育の計画の種類

要領・指針等においては，大きく分けて2つの種類の計画を作成することが決まっている。1つは，園全体を通しての計画であり，もう1つは，園全体の計画に基づいて具体的に年齢や時期に応じて立案していく指導計画である。

園全体の計画とは，園の目標をもとに，子どもがその園に入園してから修了するまでのすべての時期を通した最も長期を見通した計画であり，かつ，どの時期にどのような子どもに育てたいかということの方針や，園全体の環境等の見直し等も含めた最も広がりのある計画である。この園全体の計画の名称は，園の種別によって異なっており（表1-1参照），保育所と幼保連携型認定こども園では「全体的な計画」とよぶ。

これに対し，幼稚園では「教育課程」とよぶ。これは，幼稚園は，学校教育法に基づく学校であるため，小学校以上の他の学校種のよび方が教育課程であるため，学校として教育課程という用語を使うのである。

教育課程にしても，全体的な計画にしても，園全体の計画を意味している。園全体に関する詳しい学びは，第3章で行う。これに対し，園全体の計画をより具体的にした計画を指導計画とよぶ。こちらは，園の種別が変わっても指導計画である。指導計画にも様々な種類があることや，詳細な立案の仕方などについては，第4章で学ぶことになる。

表1-1　園の種別と計画のよび方の違い

	幼稚園	保育所	幼保連携型認定こども園
園全体の計画（第3章）	教育課程	全体的な計画	全体的な計画
具体的な計画（第4章）	指導計画	指導計画	指導計画

（2）園全体を見通す計画の立案と役割

教育課程（幼稚園）と全体的な計画（保育所，幼保連携型認定こども園）のことを，ここでは，園全体の計画として説明していくこととする。園全体の計画の立案は，すでに述べたように，要領・指針等で定められた保育の目標やねらいおよび内容をふまえ，各園の特色を表す園目標をどのように園全体で具現化するかを見通して作成（教育課程の場合は「編成する」という）される。具体的には，これまでその園で育った子どもたちの姿を参考にしながら，その地域の実態とそれに応じた子どもの姿や，これまでその園で創意工夫してきた保育のあり方を振り返って，その園のすべての保育者が共にもつべき見通しを考えて作成する。もちろん常に共有もしている。

1）園目標や計画の役割の実際：ある園の事例から

この園では，できる限り子どもの主体性を重視し，生活のあり方も子どもとともに考えつつ進め，遊びも，子どもが思いついたことをできる限り試すことができ，保育者も相談にのりながらも，子ども自身が力を粘り強く発揮して子ども自身が想定していたことを超えて楽しいことが実現するような保育を目標としている。とはいえ，最初から，子どもが生き生きと考え，自己を発揮し，失敗しても粘り強く頑張れるわけではない。就学前までの姿として同じことを目指していても，年齢により，時期により違う。まずは保育者との信頼関係を築くことも含めて，安心して過ごせることが最優先という時期もある。また，保育者があえて援助しないことや，子どもがやろうとしていることに対しても，「でも，このやり方だとここでコースアウトしてしまいそうだけど……」などと，疑問を投げかけることによって，その疑問を目標達成に至るための課題と捉えたり，試してみたりすることにより，さらに子どもたち自身が深く考え，試したり工夫したりすることで，より大きな達成感を味わえることができる時期もある。これは，園の目標があるだけではそこに至る過程に見通しをもつことができにくいという面を補えるので，園全体の計画は大きな役割を果たすことになる。

また，この園では，それまでの保育の延長として，修了式という来賓を招いての園行事についても，子どもたち自身が「自分たちは小学生になるにあたり，どんな修了式にしたいか」を本気で考え，それを実現することになったという。子どもたちは，保育者にも相談し，自分たちでも互いに意見を出し合い，試行錯誤を重ねつつ工夫しながら実現させた。この過程では，まさに，3つの資質・能力の基礎と，幼児期の終わりまでに育ってほしい10の姿の育ちが見て取れる。そして，子どもたち自身が，自分たち，保護者，地域の方を含めた来賓の方々，だれが見ても，「かっこいい修了式にしたい」という願いを全員が共有することで，それを実現できたのである。

具体的には，子どもたちは，園長から1人ずつ証書を受け取る時の受け取り方も，起立，礼，着席という一連の作法も，式に際しての旅立ちの歌やみんなで言う言葉も，小学生になる自分たちにとって，どうあるのが「かっこいい」のかをみんなで話し合ったという。みんなにとっての「かっこいい姿」がばらばらでは満足のいく修了式にはならない。気持ちを1つにできたのは，それまでの園生活の中で，みんなの気持ちが1つになれば達成できることがあると，遊びの中で十分に理解できる経験を積んできたからである。

例えば，数名のグループでレストランごっこをしたとしても，それぞれのイメージがばらばらでは，素敵なレストランにはならない。人形劇ごっこをしたいと思っても，とにかく人を呼びたいという意見と，まずは人形劇のストーリーを考えて練習しようという意見を，うまく生かし合えば楽しくなるという経験を積んでいることが大切になる。リレーもみんなの気持ちが1つになった時に勝てるし，負けた悔しさが次への工夫を生むという経験を知ってきていないと楽しくならない。それも，一斉活動として保育者がリードしてリレーをさせるだけでは，この気持ちを育てることはできない。好きな遊びの時間が十分に保障される保育の中で，リレーをやりたい子たちが集まって繰り返し挑戦し，他の遊びをしながら，その様子を見ている子もだんだんとその仲間に入ったり，入ってはみたが，うまく走れず悔しいと感じて，そんな仲間だけが集まって秘密で特訓する遊びを考えだしたりするなどの経験の積み重ねがあった。そういう遊びでの主体性の発揮の経験が背景にあったからこそ，子どもたちも自分たちが「かっこいい」と思う修了式が実現できたのである。まさに，多様な遊びの中で，失敗したり，まだできないことがあっても自分なりに何か方法を考えることができる。また仲間も，秘密を知ってもあえてそっと見守ることができる，それがわくわくして面白い，そんな思いを互いに理解し合える関係が遊びの中で育っている。

実際，この園の修了式では，できないところがあっても「かっこよくしたい」と好きな遊びの合間に遊びのように各自で練習し，思いついて園長先生を呼びに行く。自分たちで条件を整えることも考え，実際に行動しながら練習していった。とはいえ，園長先生もいつでもそれに付き合えるわけではない。その場合には，子どもたちとともにどうしたらよいか相談したのだという。すると，子どもたち同士で，園長先生役をやればよいという意見が出て，その考えをきっかけに，役割を交代して，どうしたらかっこよく証書を受け取れるかを考えたり，繰り返し証書を受け取る練習することを楽しむ子もいた。さらには，担任役や保護者役などの新たな役をする子も現れ，役割を交代しつつ，修了式ごっことして遊びを楽しく展開し，子どもたちが目指す「かっこいい修了式」を実現することになったという[2)]。

2）発達とのかかわり

事例の園では，園全体の計画の中で，子どもが充実して遊ぶことによって育ち合う保育を目標としている。しかし，一般に，遊びを中心として育つ保育を目標とし，日々，そのような保育が展開されていると，保護者や地域の人からは，子どもがのびのび自由であることはよいと評価されることは多い。同時に，幼児期までは遊びでよいかもしれないが，小学校に入ってからについては心配されることも多い。遊び中心で，各自の好きなことは育つかもしれないが，学ぶ姿勢ができないのではないかと，不当な批判を受けることも少なくない。けれども，この修了式は，来賓として出席した小学校の校長先生が，「小学校の卒業式でもなかなかできない」と驚くほど立派であった。

この修了式の時の最終的な子どもの育ちの姿を念頭に，園の目標を具体的にイメージできることが大切である。また，その姿は，すでに述べたように，それ以前の遊びの中で必要な経験を積み，子どもたちが育ち合っていなければならないことも，園の保育者全員に共有されていなければならない。なぜなら，修了式という5歳児最後の姿は，その時急に子どもたちの姿として現れるわけではなく，5歳児のはじめや4歳児，3歳児，それ以前の経験の積み重ねとして現れることだからである。さらに，5歳児の姿をイメージしながら，4歳児，3歳児，それより幼い年齢の子どもたちの保育のあり方を考えることは，そう簡単なことではない。例えば，3歳児であれば，園長先生に練習に付き合ってほしいとお願いに園長室に行くことなど思いもよらないであろうし，ましてや，園長先生が「いつも一緒に練習はできないから……」などと，子どもに相談をもちかけられることが，その発達に合っているともいえないからである。

それぞれの年齢らしい発達に合った保育者のかかわりの中でふさわしい遊びの経験があるからこそ，就学前の時期に，幼児期の終わりまでに育ってほしい姿が，無理なく子どもたちの姿として現れる。それぞれの時期の発達に合い，最終的に育てたい姿にゆっくりとつながるような保育を長期で見通すイメージは，園全体の計画として共有されるべきことであろう。

3）環境とのかかわり

園全体の環境についても，園全体の計画が生きる。例えば，夏に色水遊びをするためには，もちろんクレープ紙なども使うけれども，できれば，朝顔などをすりつぶすと色が出て，また，いくらでも使える花が身近にあるとよい。しかし，そのためには，計画的に植えて育てる必要がある。柑橘系の木がたくさんあれば，アゲハチョウがやって来る。キャベツを植えてそのままにしておけばアオムシが生まれ，飼育してモンシロチョウの羽化（うか）を見ることができる。雑草園があれば，バッタなども自由に捕まえることができる。子どもが自然とかかわる育ちを大切にしようと考える保育を目指すなら，たとえ狭い園庭であっても，プランターを使ってでも栽培する。

移りゆく自然を経験するには，保育者の環境への配慮が必要である。自然だけではなく，泥場を用意することで，泥団子づくりができる。また，4，5歳児くらいが，大掛かりなダムなどをつくるような砂場と，より幼い子が，砂と水の感触や型抜きなどを楽しむ砂場を分ける工夫をしている園もある。互いに邪魔になることなく，発達に応じて工夫することで，協同する砂場での遊びを存分に楽しむことができ，とくに協同してダイナミックに遊ぶ年長児の姿への憧れが次の活動への意欲を生み出し，それが子ども自身の計画になる。

4）記録をもとに省察し，保育を評価する

こうしたことを，園の保育者，さらに，保護者も共有できるために示したものが，園全体の計画である。園全体の計画を見ることによって，だれもが，その園での最終段階である就学前の時期に目指すべき子どもの姿が浮かび，そして，今はどのくらいの年齢であるから，このような姿が目指されている，だからこそ，保育者のかかわりは，このようになっているのだということがわかるのが，園全体の計画の役割である。

したがって，園全体の計画は，園長を中心としつつも，園の保育者全員が参加してつくられるべきものである。そこでは，それまでの園での子どもたちの育ちゆく姿と保育者の援助のあり方，園全体の環境とのかかわりなどを振り返ること，すなわち，省察を園全体で行うことによって作成される。その省察を通して，その姿から子どもたちの思いや，何がそのような思いを支え，育ちの姿に至ることになったかを理解することが大切である。

そこに見られる育ちを，5領域のねらいおよび内容から，そして，最終的には，3つの資質・能力の基礎，幼児期の終わりまでに育つことが望まれる10の姿などから評価することも園全体で行うのである。子どもの育ちの評価は，保育者の援助の評価と表裏一体である。保育者の援助は適切であったか，さらなる工夫の余地はないか，園環境は適切であったか，改善の余地はなかったかなど，記録をもとに省察し，保育の評価をすることが，園全体の計画をつくるというプロセスには不可欠である。

もちろん，必ずしもこれまでにやった通りがよいわけではない。省察する中で，よりよい方向やそれぞれの年齢に合うよりよい援助や園環境の見直しなどが，必ず生まれてくる。保育は，奥の深いいとなみである。省察の中で，さら

なる工夫の余地が必ず見つかるものである。また，園で生活する子どもの姿や社会の変化に合わせた変化が必要なことも多い。このように，省察から次の計画を作成することが，カリキュラム・マネジメントである。

園全体の計画は，その園の保育を進めていく上での大きな地図と進路を示したものとも考えられる。それがないと，忙しい保育の中で，日々の出来事の1つ1つに，どう対応すべきかに追われてしまうことも多くなり，また，その対応についての省察も，どうしても近視眼的になってしまい，園として1つ大きな方向を，保育者全員で，さらには，保護者や地域の人とともに目指すことが難しくなってしまう。だからこそ，園全体の計画は，園にかかわるすべての人がチームになり，よりよい子どもの育ちを支えていくために欠かせないものといえるであろう。

さらに，みなさんは，保育は1人でするものではなく，チームで保育することが重要であることは，すでに，他の科目で学んできていることだろう。チーム保育とは，複数担任で，今日はどう役割分担するかというような問題ではない。役割分担よりも大切なことは，共に，同じ方向を目指すチームでなければならない。さらに，保護者や地域など，子どもを中心にしてさらにチームの輪を広げていくことまでを含む広い概念である。園全体の計画は，園の目標を核としつつ，それを支えるものだということができよう。

(3) 指導計画の立案と役割

園全体の計画の中で，それぞれの年齢の発達に応じた大まかな見通しを立てるということを述べてきた。では，それをもとに，どのように指導計画を作成するのだろうか。指導計画は，長期の計画（年間や期，月などの計画）や短期の計画（週や日の計画）に大きく分かれる。とくに，短期の指導計画は，週案，日案とよぶことも多い。まさに，計画というよりは，保育者のイメージトレーニング（イメージ案）に近いといえよう。また，それとは別に，例えば，同じ年齢でも月齢によって，発達や生活リズムが大きく違う乳児の場合や，障がいのある子どもの場合などでは，必要に応じて，個別の指導計画を立てる。第4

章で，指導計画の詳細については学んでほしい。

ここでは，子どもの自発的な活動であるはずの遊びの指導計画は，どのように立てることができるのかの基本について考えておきたい。

園全体の計画が大きな地図であり，その地図があることで，保育者として，子どもたちの姿を他の保育者と同じ視点から捉え，援助の工夫について議論したり，見通しを立てることができる。しかし，大きな地図だけでは，今日の保育の「今日のあの子へのかかわりはよかったのか」というようなきわめて具体的な省察をすることは難しい。同様に，具体的な援助や環境の工夫といった明日の保育をイメージすることも難しい。

例えば，ある保育者が「A 児は，明日も今日の遊びの続きを，同じ友だち（B 児）としたいと思うだろう」と考えたとする。でも，今日は，何度か B 児とトラブルになっていた。その際，互いに自分の思いが相手にとってもよいはずだと思っているために，相手の意見を聞く余裕がない様子だった。とくに A 児は，これまで，1 人で思うままに遊ぶことが多かったので，友だちとのかかわりが楽しくなってきており，安心できる友だちとのかかわりがもてているからこそ，自分の思いを何とか伝えようとしている。この姿を，今，大切にしたい育ちの方向性だと考えているとしたら，ここでは，園全体の計画に今の子どもたちの姿を位置づけて考えることができているといえる。しかし，明日もまたトラブルが続いてしまうと，A 児は，きっとまた，1 人で遊ぶほうがよい，どうせ相手に伝えてもわかってもらえないし，楽しくならないと思ってしまうかもしれない。では，具体的に，どのようにしたらよいのか。ここまで，考えが深まってくると，園全体の計画だけでは難しく，より具体的な計画，つまり，指導案を立てて，具体的な援助のイメージをもつ必要に迫られてくる。

また，多くの場合，これをきっかけにしてクラスの他の子どもたちを見ると，同じ時期に A 児と同じような課題に直面しているということもよくある。例えば，一見，意見交換をしながら仲良く遊んでいるように見えても，いつも，同じ子の意見ばかりが通っているような関係や，何となく同じ仲間と一緒に遊びをすることが続いているけれども，心からわくわくと楽しいとは思えない関係の子どもたちの存在に気づくこともあるかもしれない。それぞれ，子どもの姿としては違うけれども，友だちとかかわる楽しさだけではなく，個々がより楽しい遊びにしたいという気持ちとの間で葛藤が生まれていることもある。

A 児と B 児の場合であれば，どのような援助が考えられるだろうか。保育者も遊びの仲間に入りつつ「そうなんだ。このお店は，買ってすぐにここで食べられるの？　わぁー！」「B くん，ここで食べてもいいかな。おなかすいちゃって……」などとお客さんとして言ってみることもできる。保育者が遊びの仲間として，遊びの文脈でお客さんとして言葉にすることで，A 児のイメージが理解できなかったり，「ここはお店でレストランではない！」と思っているB 児にも，A 児の伝えたいことが明確に伝わり，それがわかった上で遊びとして取り入れるか，反対するかを判断できるような援助になりうる。また，保育者が遊びの仲間としてこのようにかかわることは，子どもたちに，相手の言うことを聞いて理解しようとする大切さや相手のよさに気づき，その考えを取り入れることの面白さに気づいてもらえるきっかけになる援助といえる。このような援助を計画として書き，子どもが育つことを具体的にイメージするのが，指導案ということになるのである。

もちろん，翌日の遊びの展開の主体は子どもたちなので，予想通りの事態が起こるわけではない。また，1つの例としての援助を書くので，その通りの援助をする必要もない。ただ，計画を立てる過程があることで，保育者として援助の例を多様に考え，また，多様ではあるけれども，大切にすべき点は大きくはずれない心づもりができる意味は大きい。ただし，翌日すぐにその計画が必要とされる事態が起こらないこともある。しかし，その時期のそのクラスの子どもたちの姿を理解できていれば，週という単位の中では，遊びを進める中で，このような課題にぶつかる子どもたちが現れることも多い。その時に，指導案は生きてくる。

遊び中心の保育の指導案というと，次の日にどんな遊びをどのように「させる」かを保育者が予定するというようなイメージをもつかもしれない。しかし，それでは，自発的な遊びではなくなってしまう。むしろ，自発的な遊びのこれまでの流れから，子どもがより遊びを楽しく進めていくことができ，かつ，それが育ちにつながるような援助や提示をしたり，用意しておきたい環境などを，予想し，書いておくものが計画であり，遊びの種類や遊ぶ仲間や進め方などは，子どもが主体となって決めていくという点が特徴である。したがって，指導案，すなわち，計画ではあるけれども，必ずその通りになるべきものではないことを心にとめておこう。

4．保育への深い省察からの評価とカリキュラム・マネジメント

（1）保育への深い子ども理解に基づく省察による評価

小学校以上の教育の場合には，その学年で学ばなければならないねらいがあり，そのねらいを達成するのに，最もふさわしい学習内容が設定され，その学習内容からねらいが達成されたかどうかは，テストによって確認されることが多い。このような評価のことを評定とよぶ。同時に，その学習内容の指導の仕方がよかったかどうか，教える側の評価も行う。ただし，子どもの学びの評価と指導法の評価は別々のものではなく，表裏一体である。子どもの姿は保育のあり方を映しだす鏡ともいえる。

幼児期の保育においては，子どもの育ちの評価[3)]は行われるが，育ちの評定は行わない。保育における子どもの評価は，深い幼児理解に基づいて行われる。例えば，前述したA児とB児のトラブルの例で考えてみよう。じっくりと遊ぶことができるけれども，友だちと遊ぶ楽しさは，あまり経験していなかったA児が，気の合う友だちができ，その友だちと遊ぶことが楽しくなったことや，でも，1人で遊ぶ中で，遊びをより楽しくするアイデアを培ってきたA児だからこそ，友だちになったB児にそのアイデアを言葉で伝えるが，B児に伝わらなくて辛くなっている姿が見られると保育者が理解したとしよ

う。そこには，保育者の深い子ども理解が働いている。なぜなら，ただ単純に，A 児のことを「1 人遊びしかできなかったのが友だちと遊べるようになったが，すぐにトラブルになる」と表面的な理解にとどまる保育者も多いからである。この両者の理解の深さには大きな違いがあることはわかるだろうか。

前者の理解では，A 児は，1 人遊びではあったけれども，1 人で，じっくりとアイデアを出しては試しながら充実して遊ぶことができていること，それに加えて，最近になり友だちとの遊びにも喜びを見出すことができてきていること，1 人でじっくりと考えながら遊ぶことができる A 児だからこそ，新たなアイデアを思いつくことができ，さらに，そのアイデアを大好きな B 児にもわかってもらいたくて言葉にして伝えたと評価している。ただ，言葉で伝えることはあまりうまくいかず，それでも，1 人で遊ぶよりも友だちと遊びたいと思えるほど育ってきており，ぜひ B 児にわかってもらいたいからこそ，辛い気持ちにもなっていると理解している。これは，後者の理解が表面的であるのに比べると，きわめて深い理解といえよう。

さらに，他の保育者と話し合う（カンファレンスする）ことによって，もっと違う理解の仕方，例えば，B 児も A 児のアイデアに刺激されて，自分ももっと面白いことを考えようしてきている。A 児のアイデアはいつも面白いことは十分にわかっているが，自分も考えたので，そのアイデアも伝えて A 児に理解してもらいたい，できれば B 児のアイデアも面白いと思ってもらいたい気持ちがあり，その複雑な思いから，A 児とトラブルになっている，などという考えにも触れるかもしれない。まさに，A 児にも，B 児にも，育ちの芽といえるようなことがあることが確認できたりする。表面的にはトラブルに見えたとしても，保育者同士が話し合うことで深い理解に至る省察がなされ，子どもの評価は 1 人の判断ではなくなる。

以上，子どもへの深い理解に基づく評価について述べてきた。すでに述べたように，子どもへの理解と評価は，保育者の保育への評価と表裏一体である。この事例については，すでに，指導案の例として援助について述べた。けれども，もしも，そのように援助してみたけれども，互いに気持ちがこじれてしまっていて，そう簡単には互いの意見を聞く気持ちになれないほどだったとしたら，他の援助の仕方を考え直す必要がある。つまり，その援助は今の２人にとってはあまりふさわしいものではなかったかもしれないという指導の評価をすることができる。その評価をふまえ，他の援助の方法を探るということになる。その判断のためにも評価が必要である。

（2）カリキュラム・マネジメント

これまでにも，カリキュラム・マネジメントという言葉で説明をしてきた。ここで，カリキュラム・マネジメントについてまとめておこう。

カリキュラム・マネジメントとは，計画を立てて子どもたちの保育を行い，それに対し深く省察をすることを通して，子どもたちの思いにより即し，さらに深い学びを促すような計画へとつなげることを意味する。これは，園全体の計画においてはもちろんのこと，その背景としては，指導計画段階での省察があって，園全体の計画を省察し，次につなげられることは，これまで見てきた通りである。

そもそも，教育課程の「課程」とは，英語ではカリキュラム（curriculum）のことである。保育所や幼保連携型認定こども園においては「全体的な計画」という言葉を使っているため，「課程」すなわち「カリキュラム」という用語は使っていない。それもあり，カリキュラム・マネジメントという用語について言及されているのは，要領だけである。しかし，保育所や幼保連携型認定こども園の指針や教育・保育要領をよく読んでみると，カリキュラム・マネジメントという用語を使わないだけで，省察し，次の計画へとつなげるという必要性についてていねいに言及されている。つまり，園の種別に関係なく，カリキュラム・マネジメントは必要だということである。

実は，カリキュラム（curriculum）の語源は，ラテン語のクレレ（currere）だとされている。その意味は「競馬の走路，自分の歩むコース，履歴」である。つまり，カリキュラムとは，これから歩むべき道を示すものであるとともに，履歴，すなわち，これまでのその園での保育者と子どもたちが歩んできた道という意味でもある。その園の保育者と子どもが歩んできた足跡という意味のクレレを省察することによって，自分の歩むべき道（コース）という意味のクレレを立案していくことと考えることができる。そう考えると，全体的な計画，指導計画という用語を使っていたとしても，カリキュラムという言葉の原点に立ち返れば，園の種別を超えて，カリキュラム・マネジメントに相当するいとなみへの努力が，計画には必要であるということができるのである。

5．保育の計画は一人ひとりに応じたオーダーメイドデザイン[4)]

保育の計画を作成することは，どちらかというと保育者にとっては面倒なことである。直接子どもにかかわるという保育だけでも大変な仕事なのに，その前に計画を立て，実践し，省察をして，それをまた計画につなげるということは，表には出ないだけに一層大変である。その上，園全体の計画を立て，それに基づいて長期と短期の指導計画を立てることはさらに大変である。そこで，計画を立てなければならないという考えを捨て，「保育をデザインする」という考えに切り替えてみよう。一人ひとりの子どもがわくわくして遊ぶことができ，その遊びの経験を次につなげ，さらに充実するような一人ひとりのためのデザインをすることが計画することなのである。

こんな例がある。3歳時入園でそれまで母親と静かに過ごしていたC児が，幼稚園ではじめてとても活発なD児たちの姿に憧れて，何とか仲間になりたくてついていくものの，運動の経験も友だちとかかわる経験も違うため，園庭を走り回って遊ぶD児たちについていくことができず，よく泣いていた。ある雨の日，D児たちがクラスのミニカーをすべて仲間で分けていざ遊び出そうとした時に，C児が登園してきて，ミニカーで遊びたいと訴えた。D児たちは，ちょうどよく分け合ったところでもあり，C児には分けたくない。その様子に，C児が泣き出してしまった。そこで保育者は，泣いているC児の隣で何か面白そうなものをつくる。それをみんなが見ていると，それは，ガソリンスタンドであった。保育者が「ガソリンがなくなったら入れにきてください」と言うと，D児たちも，ただミニカーを走らせるだけではなく，ガソリンも入れたくなった。そのころには，C児も泣きやんで，たまたま他の子どもに呼ばれた保育者に代わってガソリンスタンドの人になった。その後，D児はC児にミニカーを渡し，頼んでガソリンを入れる係を交代してもらうことになる。そんな場面である。

ここで保育者は，D児たちに「ミニカーを分けてあげるように」とも，泣くC児を慰めることもしていない。保育者がガソリンスタンドという環境をつくったことから，みんなが仲間になって遊べるようになったのである。

この援助の詳細は，指導計画に書かれていたわけではない。この日は久しぶりの雨で，いつも戸外で走り回るD児たちがミニカーで遊ぶことも予想していなかった。ただ，これまでの様子から，C児は，D児たちの仲間になりたい気持ちが強く，それがかなわないために悲しい思いをしていること，そして，機会があれば，仲間になれるような保育をデザインしたいと考えていた。また，これは，みんなが楽しく遊べたので，C児にも，D児たちの気持ちにも即したオーダーメイド（その人に合わせた）デザインとなった。

保育の計画の最も大きな核となるのは，一人ひとりの子どもに応じたオーダーメイドのデザインであり，その小さなデザインでつくる保育実践の軌跡から，園全体の計画もつくられていく。そう考えると，子どもと直接かかわるだけではなく，デザインとしての計画にも楽しんで取り組んでほしい。

6．おわりに

みなさんは，すぐに実習でどこかの園に行って学ぶことになる。その前に，実習で必要な指導計画（指導案）の作成の練習などをすることになるだろう。指導計画の作成は，正直いって面倒と思うかもしれない。しかし，書いてみると，保育においては，要領・指針等においても，子どもの主体性を大切にするとあり，それを学んでいるはずなのに，思わず，保育者の援助の欄に「子どもたちを並ばせる」「歌を歌わせる」「きれいな落ち葉を拾って遊ばせる」など，「○○をさせる」と書いてしまう自分に気づくことはないだろうか。確かに，実習生が指導する場合には，それぞれの子どもが自由に遊ぶ場面に応じた指導をすることが難しいこともあり，一斉活動の指導計画をつくることが多い。それでもなお，「○○させる」とは書かないようにしてほしい。たとえ一斉に実習生が考えた活動を子どもがするにしても，実習生の意識のもち方が言葉や態度に表れることによって，子どもたちが自分から興味をもってやってみたいと思うような保育をデザインし，計画として書きたいものである。

また，できれば，たとえ実習生であっても，本章で学んだことを思い出し，その園の目標や園全体の計画，さらに，その園の指導計画にも関心をもって，その園の１人として計画を立てる気持ちをもってほしい。

まとめの課題

1．子どもが主体性を発揮して生活し，自発的活動としての遊びを中心にねらいおよび内容を達成することになっているのに，遊び中心の保育においても，保育者が計画をすることが重要なのはなぜかをまとめてみよう。
2．いくつかの園のホームページを見て，園の目標や計画，実際に行われている保育について調べてみよう。目標が計画とつながり，実際の保育や子どもの姿につながっているか，第１章の学びを深めたみなさんから見て，つながりを考えてみよう。

引用文献

1）文部科学省：幼稚園教育要領解説，フレーベル館，2018／厚生労働省：保育所保育指針解説，フレーベル館，2018／内閣府・文部科学省・厚生労働省：幼保連携型認定こども園教育・保育要領解説，フレーベル館，2018
2）江東区立東砂幼稚園：わくわく遊ぶこどもを育てる，2014
3）Gunilla Dahlberg, Peter Moss, Alan Pence : Beyond QualIty in Early Childhood Education and Care, Routledge, 2007
4）戸田雅美：保育をデザインする―保育における「計画」を考える，フレーベル館，2004

Ⅰ. 理 論 編

第2章 教育課程・保育の計画の歴史的変遷

予習課題

1．教育課程の名称と保育の全体計画の名称は，その意味内容は同じところもあるが，使用する教育機関と福祉施設で異なることを理解しよう。
2．主たる２つの教育課程である教科カリキュラムと経験カリキュラムのそれぞれの特徴（利点と課題）について，まとめておこう。
3．幼児教育から高等学校教育まで，貫かれている教育の理念と資質能力の３つの柱について押さえておこう。

1．教育課程および保育の計画の意味

学校教育および保育所等保育は，乳児保育および幼児教育から大学教育に至るまで，それぞれの教育保育により，社会の形成者としての次世代を育成することを担っている。それゆえに，乳児，幼児，児童（学童），生徒，学生にとっては学び，教師・保育者にとっては教育・保育実践を行うための道筋として，各学校種や施設に応じた教育課程や保育の全体計画および指導計画が設けられている。

教育課程や保育の全体計画は，各学校や各保育所等施設において，教育や保育の内容を組織的かつ計画的に組み立てたもので，学校教育や保育のすべてにかかわる計画でもある。そこには，教育目的・教育目標，教育内容，教育方法，教育評価までの一連の流れ，同様に，保育の目的・保育の目標，保育内容，保育方法，保育評価の流れ，教師・保育者による指導や支援の方策があ

る。しかも，それぞれの省察による教育課程や保育の全体計画の改善とともに，新たな編成にもかかわってくる（詳細は第1章，第3章を参照）。

日本の教育課程と保育の全体計画は，ナショナル・カリキュラムとして，幼稚園教育では「幼稚園教育要領」，小学校教育，中学校教育および高等学校教育では「（各校種および各教科による）学習指導要領」によって示されている。なお特別支援学校では，幼稚部，小学部，中学部，高等部による部構成となっていて「特別支援学校教育要領，学習指導要領」として示されている。福祉的な見地からは，保育の全体計画と指導計画が「保育所保育指針」として示されていて，同様に認定こども園でも「幼保連携型認定こども園教育・保育要領」として，家庭生活による保育の計画と学校教育の両面から示されている。

明治期以来，教育課程の経緯を見ると，初等教育では教科課程，中等教育以上では学科課程とよばれ，教科や学科の内容と，それらの時間配当もあわせて示されていた。それは現代では狭義の教育課程とみなされ，幼児・児童・生徒・学生らにとって授業内容や時間割として知られる。1951（昭和26）年の学習指導要領改訂以前では，教科課程の語が用いられていて，自由研究，特別教育活動の名称の変遷を経て，1958（昭和33）～1959（昭和34）年の改訂によって，特別活動の名称とともに教育課程の名称が使われるようになった。その考え方の根拠は，アメリカから導入された概念であるカリキュラム（curriculum）によるものである。これは広義の教育課程ともいわれる。

さらに指導計画は，教育の全体的な計画を表す教育課程とその意味を重複するとともに，年，学期，季，月，週，日といった期間単位，あるいは，ひとまとまりの保育活動，教科・科目さらにはそれぞれの単元ごとの授業時間数など，活動や教育の内容の種別など，より具体的な教育や保育の流れを提示することにも用いられる。

幼稚園とともに保育所および認定こども園では，幼児教育については教育内容や評価の視点において共通化が図られている。理念「生きる力」の実現に向けて，高等学校教育に至るまでの各学校段階を見通して，「主体的・対話的で深い学び」により体系的に育んでいくことが目指されている。

2．教育課程および保育の計画の歴史的変遷

教育課程の明確な基盤が築かれたのは，中世ヨーロッパのカトリック教会の修道院においてである。僧侶養成において，今でいう中等・高等教育に該当する教育課程が編成されていた。一方で，庶民には教会（日曜）学校や私的事業による教育活動が行われていた。当時の教育課程は，日常生活に必要となる３R's（Reading, Writing, Arithmetic：読み，書き，算術）と宗教（道徳）教育を中心としていた。その中でも，記録に残る教育課程の１つに，七自由科（liberal arts：文法・修辞学・弁証法の三学，算術・幾何・天文・音楽の四科）があって，当時の教養的な内容を提供していた。

教育課程を編成する上で成長・発達に着目したコメニウス（Comenius, J. A.：Komenský, J. A.：コメンスキー，1592~1670）は，年齢段階により区分した近代学校教育制度を構想し，乳幼児期の初等教育から青年期の高等教育に至る教育の系統を区分した校種と，それに応じた教育課程を設けた。各学校種での教育方法の理念として，汎知主義，直観主義，自然主義を基本原理としている。ペスタロッチ（Pestalozzi, J. H., 1746~1827）は，直観主義を受け継ぎ実践している。さらに彼は，子ども（児童）中心主義教育思想をもととして，シュタンツの施設にて教育機会均等に取り組み，併せて中等教育の学校設置運営にも携わった。それらの実践は，のちの教科カリキュラムや経験カリキュラムを創出する参考となっている。

ヘルバルト（Herbart, J. F., 1776~1841）は，ペスタロッチの著作と彼の教育実践をもとにして，教育内容を専門的に分化し系統を構成する立場をとって，教科カリキュラムを考案した。それは弟子たちのツィラー（Ziller, T., 1817~82）やライン（Rein, W., 1847~1929）などヘルバルト学派（Herbartianische Schule）により，さらなる思索がされた。そこでは人文的学習と実学的な学習を，教科群間の内容の違いとして類別分割することにより，カリキュラムを構造化している。それらの内容に，道徳的品性を教育の最終目的として人間形成にあたっ

た。

ツィラーは，分化した教科内容の関連性をより明確にするために，中心統合法を考案した。そのカリキュラム構造は，道徳的品性をカリキュラムの中心（核心）に置き，それに関連した種々の教科群を配置することにより，教育内容を系統づけている。これは，コア・カリキュラムの原点となっている。

系統性を有する教科カリキュラムは，それまで知識注入となっていた百科全書的なカリキュラム構造にとって代わり，世界の主たるカリキュラムとなった。日本では，ハウスクネヒト（Hausknecht, E. P. K. H, 1853~1927）らにより，教科カリキュラムは明治初期に導入され，中等教育を中心にして展開された。

一方で，フレーベル（Fröbel, F. W. A., 1782~1852）は，ペスタロッチの学校での教師経験などをもとにして，生活に基づく経験学習を重視するようになった。それとともに，結晶鉱物学者でもあった経歴から，科学的認識を強化した。彼は1840年にドイツのブランケンブルクに幼稚園を創設し，恩物（Gabe）と称する教育玩具（Spielzeug）を通して，幼児の主体性に基づく遊びによる学習の過程を創案した。恩物には，第一恩物（6色の毛糸ボール），第二恩物（木製の形の基本：球，円柱，立方体），第三恩物～第六恩物（積木の原型），板棒，色板，折り紙などがある。彼による，幼稚園の生活に基づき遊びを通して学ぶ，とする経験カリキュラムの考えは，諸外国で急速に広まっていった。日本には，近藤真琴（1875）により，フレーベルの幼稚園と経験カリキュラムが紹介され，松野クララのもと豊田芙雄（ふゆ）による実践やハウ（Howe, A. L., 1852~1943）らの指導などで幼稚園教育として伝わった。

大正期には，デューイ（Dewey, J, 1859~1952）らによる児童（子ども）中心主義教育に基づく生活経験を基軸とする自由主義的なカリキュラム編成を用いるようになると，教科カリキュラムはいったん衰退した。そこには課題達成の活動過程に複数教科のねらいや内容を結び付けて，それを統合して指導する方法である合科教授（Gesamtunterricht）があって，及川平治らによって推進された。それは昭和初期（1940年代）ごろまで展開された。経験カリキュラムは，一時期国家主義的教育により衰微するものの，第二次世界大戦後の1940年代後半のコア・カリキュラムに受け継がれ，幼児教育の主たるものとなる。1950年代以降には，時代の推移によって盛衰に振幅があるものの，教科カリキュラムが，小学校，中学校，高等学校，大学等では教育課程編成で主流を占めている。

3．教育課程および保育の計画の編成の類型

前節のように，当初は幼稚園から高等学校等まで校種を問わず教科や学科を中心とした教育課程であった。しかし，幼児教育・保育については経験カリキュラムが，他の校種に比較し早期から主流となっている。さらに教科カリキュラムについては，分化してしまった教育内容を各教科・科目間に関連性をつけるために，体験学習を効果的に系統的に組み入れたり，種々のカリキュラム改善をしてきたりしている。それらの類型について次に概要を示した。

（1）教科カリキュラム

教科カリキュラム（subject-matter curriculum）は，小学校，中学校，高等学校，大学等各学校種で幅広く使用されているカリキュラムである。その特徴は，組織された教科・科目と教材によって，知識や技術を系統的に学べることにある。教科カリキュラムはヘルバルトや彼の弟子たちが確立したもので，教科用図書のように前もって設定される教材の立場から，教材カリキュラムとよばれることもある。教師にとっては，教育活動の流れが捉えやすいこと，教育の計画を立案しやすいこと，百科全書的な知識注入をなくし系統的な知識の伝達や学習の効率性を高めていること，評価がしやすいことなどの利点がある。

このように教師による指導を中心に展開されることから，教師中心主義カリキュラムともよばれる。問題点としては，学習の興味・関心が取り上げられるとは限らないために，学習者の創造力や表現力，さらには思考力が育成しにくい。教育方法においては，等質で多く量の教育内容を，多人数の学習者に一斉に伝えられる効果がある。しかしこれが，教師から学習者への知識の一方的注

入として捉えられ，学習者一人ひとりの個人の能力に応じた教育が行われにくいとされている。しかも本来は，系統性を重んじた学習活動によって理解することを目的としていたが，教科・科目で分化されたことによって，教育内容も分断されてしまうことにもなった。しかも，理解より記録の量の多さと正確さを競うことになった。

そこで各教科・科目の内容を関連づけるために，相関カリキュラム（correlated curriculum），融合カリキュラム（fused curriculum），広領域カリキュラム（broad-field curriculum：expanded curriculum）などが考案された。①相関カリキュラムは，科学技術の進歩の影響を受けて専門化され細分化された教科・科目の内容を，関連づけて学べるようにしたもので，教科・科目の枠をそのままにしながらも内容の連関を図っている。②融合カリキュラムは，教科・科目の関連性をより強くしたもので，近接あるいは類似した教科・科目の枠を外して統合して，新たな教科・科目として教育課程に編成しなおされている。③広領域カリキュラムは，より広い教科・科目間の関連性をもたせるため，教育内容の異なる教科・科目間や領域の異なる教科・科目間の統合を図っている。

（2）経験カリキュラム

経験カリキュラム（experience curriculum）は，現行の幼児教育・保育で主たるカリキュラムとなっている。学習者である子どもの生活経験や興味を重視する立場にあるので，児童（子ども，学習者）中心主義カリキュラム（child - centered curriculum）や生活（経験）中心カリキュラムともよばれる。それは時間割の枠組みにとらわれることなく，学習者の興味・関心に沿った学習活動とともに自主的で協同的な活動を主に展開する。したがって，学習者個人の成長・発達と能力に応じた教育・保育を行える可能性がある。

ただし教材の選択について，学習者の知識がなければ，それを適切に活用する活動の実施も困難になってしまう。しかも教師・保育者側にとっても，学習者に，より適切な経験や探究が異なることを推察して，教材の精選や環境設定が必要となってくる。そのために，非常に広範囲で，より深い専門的な知識や技術をも把握しておかなければならない。しかしながら，前もってすべてを把握し，そのための教材などの学びの環境を完璧に用意することは不可能に近い。

さらに，ある特定の活動について同様の体験をしたとしても，学習者によって理解している内容の程度が異なる。したがって，学習結果を総括し組織化することが困難となる。つまり，教師の指導性を主たるものとする教育活動と比較して，学習者が教育内容を修得する質・量に大きな差異が生じる。それゆえ，評価も基準を設けることにも多角的な検討が必要となる。

教育課程や日々の教育・保育計画の立案について，たとえ学習者が資質・能力を有していたとしても，自ら立案することにおいては，年齢段階が低いと，計画とその内容を構成するにも，経験知が乏しいため困難さもそれだけ増す。

しかも，興味や関心にとらわれすぎると，計画の理論性や系統的な学びが困難となる。学習者の自発性・自由に傾倒しすぎると，わがままや気まぐれ，放任状態となって，学習活動自体が成立しなくなるおそれもある。

本来は，学習者自身が教育計画を立案して学習活動（遊び）を行うように考案されている。しかしながら幼児期にはきわめて難しい。つまり幼児は，長期の展望に立って学習活動（遊び）について明確な計画をしていくわけではなく，興味・関心やその時の遊びの中で試行錯誤しながら種々のことを体験し，さらに，新たな遊びを通して探究活動を生成する。そのために，教師・保育者は，教育環境を予想し，構成・設定し，幼児が行おうとする遊びの展開を予想して，教育課程を編成し指導計画を立案する。したがって幼児の興味・関心を，種々の多角的な学びの活動を展開し，そこでの体験から種々の知識・技術だけでなく，思考力・判断力や折り合いなど対人関係としての情動などの事柄を修得できるようにする。これらを前提として，幼児が学習活動である遊びを展開していくことから，生成カリキュラム（生成発展カリキュラム：emergent curriculum）ともいわれる。

現行の保育内容5領域は，教科的に分化したものではなく，各領域が関連づいた，ひとまとまりの，遊びという総合的な学びの活動を通して，幼児教育・

保育にて実施される。小学校教育以降では，経験カリキュラムや経験（体験）学習が，教科カリキュラムに組み込まれた形態で用いられている。

（3）コア・カリキュラム

コア・カリキュラム（core curriculum）とは，ある特定の活動，特定の教育内容や保育内容，教科・科目群などを中心的な核として課程に置き，その周辺に，それに関連した活動や教科・科目群などを選択・配置した周辺課程が置かれる。起源は教科カリキュラムの１つであったツィラーにより創案された中心統合法の流れをくむ。今では，学習者の生活に関係した興味・関心のある内容を据えるため，経験カリキュラムに属するカリキュラムの１つの形態としてみなされる傾向がある。したがってこのカリキュラムは，幼児教育・保育で頻繁に用いられてきた。他にも小学校教育以降から大学教育に至るまであらゆる校種の教育においても，ある特定の教科・科目や課程を核として，系統的な学びを実現するために，しばしばこのカリキュラムが活用される。

（4）学問中心カリキュラム

学問中心カリキュラム（discipline-centered curriculum）は，1950年代後半において，科学技術の量的拡大や質的進歩について危機感を募らせた時の教育改革で産出された。例えば，旧西ドイツの中等教育での範例方式，アメリカの初等教育でのSMSG（School Mathematics Study Group），中等教育でのPSSC（Physical Science Study Committee），CBA（Chemical Bond Approach），BSCS（Biological Sciences Curriculum Study）などのカリキュラム開発がある。これらカリキュラムの内容は，それぞれの学問（教科）の基本的概念とその構造から導き出される。それらを学習することが求められ，結果としての知識を習得・記憶するのではなく，結果に至るまでの探究過程を理解することにある。これらは経験カリキュラムの推進者であるデューイやキルパトリック（Kilpatrick, W. H., 1871~1965）ら進歩主義者に対抗するものである。つまり教師による指導的立場を重視し，先人たちの積み重ねの価値ある文化遺産を活用し，生活現実に有効に適応するために，文化遺産の中核（一定の知識，技能，態度，理想など）を，教師が責任をもって教科ならびに教師の活動の体系的計画によって教え，目標を達成することにある。それは，学問・知識体系，教科・科目および系統的学習について，ミニマム・エッセンシャルズを重視する考え方である。この立場にいる人々を本質主義者（エッセンシャリスト）とよび，例えばデミアシュケビッチ（Demiashkevich, M. J., 1891~1939）やバグリー（Bagley, W. C., 1874~1946）は，教育のエッセンシャルズ（本質）を習得するための学習者の努力や訓練を強調している。日本では1950年代後半から1970年代にかけてのカリキュラム改革において，これらを基盤としてきたとみなされる。当該カリキュラムには，ブルーナー（Bruner, J. S., 1915~2016）による発見学習の方法がある。

加えてブルーム（Bloom, B. S., 1913~99）による完全習得学習（マスタリー・ラーニング：the theory of mastery learning）がある。これには，キャロル（Carroll J. B., 1916~2003）の学校学習モデル（時間モデル）を理論的根拠として，ヘルバルト学派のラインによる五段階教授法とともに，プロジェクト・メソッドの領域を援用している。完全習得学習の特徴には，その過程において形成的評価があって，それによって個人の学習についての進捗状況を把握できることで，個別指導によっても対応できる利点がある。

（5）カリキュラムの顕在と潜在

前項までにあげたカリキュラムは，教師などの明確な意図をもって編成されているために，顕在的カリキュラム（manifest curriculum）とよばれる。顕在的カリキュラムは学校教育もしくは保育所等で，それぞれの形式に則って編成され実施される。これに対して，隠れたカリキュラム（hidden curriculum）や潜在的なカリキュラム（latent curriculum）とよばれるものもある。これには学習者や教師などのパーソナリティ（性格・人格），学習者と教師との相互作用，学習者の仲間関係，学校教育にかかわる人々の価値観や習慣など，あるいは園舎や学舎など建築物の構造，施設設備，機器備品類など，さらには保育室（遊戯室）や教室の内装，例えば壁面の色彩や雰囲気に至るまで，学習者の活動や成長・発達に影響を与える明文化されていないものをも含めている。これらを前提にして，通常の顕在的カリキュラムが構成されている。しかしながら同じ教育内容を同年齢・同学期であっても，異なるクラスに用いると，その教育・保育活動の展開は同じようにはならず異なることはよく知られている。つまり，たとえ同じ内容の教育・保育活動を実施するとしても，そのクラスの幼児らの現状やそれまでの経験，雰囲気の違いなどを考慮して，顕在的なものとして，指導計画の展開の仕方に，運用上の調整が必要となってくる。

顕在的カリキュラムとともに潜在的カリキュラムを，広い意味でのカリキュラムの概念として捉えることもある。これらには学習者の興味・関心に基づく活動や特定の活動の契機をもとにして，教育活動の展開を図ったり継続性を引き出したりする意図せざる環境であったり，いわゆる校風とよばれたりする学校・園文化がある。それらは教育・保育を意図する，しないにかかわらず，学習者や教師などが影響を受ける。つまりここには，集団心理など社会心理的な要素がある。例えば保育室や教室が，遊びや学習活動に集中できる落ち着いた雰囲気をつくり出す構造体として存在したり，園児・児童・生徒たちの仲間意識から愛校心が生じたりする。

4．わが国の教育課程の歴史的経緯

（1）古代～室町時代

日本の教育と保育に着目して歴史的経緯を俯瞰すると，古代に中国の制度を取り入れ大学寮（だいがくりょう）を設置し，儒教の経典を教科書として用いて，教育内容には，孝経，論語などがあった。つまり，中等・高等教育の教養としての漢文の知識を得ることに焦点があった。鎌倉時代には，貴族，僧侶，武士たちの中には，現代の社会教育施設である図書館に該当する蔵書収集施設を有するものが現れた。例えば北条実時（さねとき）によって，仏典や国書などを収めた金澤（かねさわ）文庫がつくられた。要請されたものは忠誠心，倹約，徳などであり，武士道はその根幹にあって，弓道や乗馬は必修で，家訓として戒律が伝授された。さらには，仏教寺院や学識僧を教育の担い手とする，鎌倉五山の禅宗を中心とした五山文学による漢文学があった。世俗的な民衆教育として，種々の宗派による仏教布教・伝播がされた。例えば，浄土宗（法然），浄土真宗（親鸞），時宗（一遍），日蓮宗（日蓮），臨済宗（栄西），曹洞宗（道元）があった。室町時代になると，教育機関としては，上杉憲実（のりざね）が再興した足利学校があって，僧侶養成を主としていた。芸能においては世阿弥による『風姿華傳』（1400ごろ）が著され，能のまことの花は心の工夫から生まれるとした。

（2）安土桃山時代

安土桃山時代になると，ようやく初等教育からの一貫した教育が，キリスト教宣教師たちによって織田信長庇護のもと，キリスト教教会によって運営されるようになった。1579（天正 8）年には，ヴァリニャーノ（Valignano, A., 1539~1606）によって，司祭・修道士を育成するために，セミナリヨ（初等教育）とコレジオ（collegio：高等教育），ノビシャド（noviciado：修練院養成）が設置された。セミナリヨでの教育内容は，ラテン語および日本の古典を学ぶことであった。フロイス（Fróis, L., 1532~97）は，セミナリヨの幼児・児童がラテン語を習得する能力が高かったことを認めている。教育内容として，古典『平家物語』などを題材に学ばせたといわれている。それまでの日本の教育にはなかった音楽と体育が教育課程に編成され，フルート，クラヴォ，オルガンなどの器楽とともに，グレゴリオ聖歌などの練習が行われた。夏は水泳，週末にピクニックをし，復活祭やクリスマスには文化祭の行事が教育課程に設けられ，幼児・児童が劇や歌，ラテン語の演説などを披露したともいわれている。

（3）江戸時代

江戸時代になると，儒学を中心とした教養を教授することと，行政的な事務能力を求められるようになった。それにより，庶民などへの郷校（きょうこう）（郷学（ごうがく）），幕府直轄の官僚養成を担う湯島聖堂（昌平黌（こう）：昌平坂学問所），各藩直轄の藩校などがあった。教育内容としては，儒学を主にして，論語や書経などを教科書として用いていた。さらに，私塾も庶民に対する教育機会の場となっていて，藩校と同様に儒学を中心としながらも蘭学などの洋学や国学もあった。例えば，伊藤仁斎の堀川塾，シーボルトの鳴滝塾，緒方洪庵の適塾，中江藤樹の藤樹書院，福澤諭吉の慶應義塾，吉田松陰の松下村塾などがあった。

教育思想家には，『和俗童子訓』（1711）などの著作を出版し，それらから啓蒙的な教育を行った貝原益軒がいる。彼は，庶民の子どもの教育について，人の生は善であること，子どもは善にも悪にも染まるから早くからよい道を教えること，年齢段階や発達に応じた教育の方法や教材を用いること，過保護を戒めて厳しく教えること，しつけや親の模範が重要なことを示した。「其教へは，豫（あらかじ）めするを先とす。…かねてよりといふ意（こころ）。…悪に移らざる先に…」と，前もって物事を教えておくこととともに，「善き事も悪しき事も…まづ入りし事，内に主として」など，善悪の価値基準を実践することを明瞭に示した。つまり儒教的な観点からの教育思想を基盤として，早い時期から道徳教育をすることを強調している。

石田梅岩は，人間の心の中に，自然と秩序が内在し循環しているとして，それを性学と称した。これを手島堵庵などの門弟たちが，神道や仏教は心を琢磨種であるとし，石田の思想を心学と改め，明倫舎など心学講舎を各地に設置し，石田心学の普及・教化に努めていった。

幕末期の寺子屋（上方の呼称，江戸は筆学所などの呼称）は，現代の初等教育と中等教育初期に該当し，読み，書き，算盤などを手習いがされた。教材としての手習い本には，往来物，漢書，歴史書などがあった。現代の教師に該当する師匠は，僧侶，武士，農民，町人など多様な人材によって構成されていた。滝沢馬琴や頼三樹三郎などが師匠名の記録にある。師弟関係について，師匠は学習者の寺子に慈愛をもって接し，寺子は師匠を尊敬する人間関係であったといわれる。それにより識字率や教育水準は，当時から諸外国と比較して高かった。

(4) 明 治 期

明治期になると，福澤諭吉の『文明論之概略』(1875) や『學問ノスヽメ』(1872) において，孔子と孟子による儒教的な政教一致の問題を指摘するとともに，欧米諸国の平等思想を日本に紹介して，性別に関係なく教育の機会均等が強調された。彼はミル (Mill, J. S., 1806~73) の影響を受け思想も依拠していたため，慶應義塾幼稚舎 (1874設立) においても1877年以降に男女共学とした時期もある。民法における民事法親族法草案についても，男女同等論に近いものを福澤は支持していたが，士族系の反対があって，家父長制の条文が設けられることで最終的には落ち着いたといわれている。

寺子屋や藩校は，1872 (明治5) 年の学制によって，近代学校教育制度へと円滑に移行していく。同時に「學事奬励に關(かん)する被仰出書(おおせいだされしょ)」が教育理念として示され，教師の任用では，寺子屋の師匠が水平異動をした。しかしながら教師数や各人の有する知識は，制度化された学校数や教育内容の教授には不十分であったので，新設された師範学校において，教師を増員するための教員養成とともに，教師として組み込まれる人材としての再教育，つまりリカレント教育が行われた。

しかし国民皆学，つまり尋常小学校の義務教育化 (1886 (明治19)) の実現には障壁がともなった。農家にとって学校教育は役に立たない内容として，反対一揆が起こった。背景には授業料負担があったといわれる。

修身については，1879 (明治12) 年の教育令によって，アメリカの自由主義的で地方分権的な教育を模範とする一方で，ヘルバルト学派による道徳の導入も試みられた。しかしながら，その内容が自由すぎるとの批判により，改正教育令 (1880 (明治13)) の布告では中央集権的で官僚統制的傾向となった。さらに元田永孚(ながざね)らが，欧米列強諸国に傾倒する潮流を批判し，仁義忠孝(じんぎちゅうこう)を中心とした儒教による，天皇に忠誠する社会を実現させようとして，『教學聖旨 (教學大旨)』(1879 (明治12)) を起草したが，伊藤博文に反論され破棄された。その後1886 (明治19) 年，文部大臣森有礼(ありのり)の時に前述の義務教育4年制など近代的学校体系を確立することとなると，元田らによって，国民教育が強化され，『教育ニ関スル勅語（教育勅語）』（1890（明治23））が発布された。当時の道徳教育には，儒教による親子の孝とともに，天皇制国家中心主義思想としての修身が教育課程に設けられることとになった。

幼稚園については，近藤真琴（まこと）が『博覧会見聞録別記　子育の巻』（1875）の中で，オーストリア・ウィーンの第５回万国博覧会（1873（明治６））で見て記録したフレーベルの童子園（Kindergarten）が，その発祥への契機の１つになった。東京女子師範学校附属幼稚園のカリキュラム（1884（明治17））では，保育内容に20課（課目）が示されている。保育の課として，会集，修身ノ話，庶物ノ話，木ノ積立テ，板排（なら）べ，箸排べ，鐶排べ，豆細工，珠繋キ，紙織リ，紙摺（たた）ミ，紙刺シ，縫取リ，紙剪（き）リ，画キ方，数へ方，読ミ方，書キ方，唱歌，遊戯が示された。そのうち修身ノ話，庶物ノ話，唱歌，遊戯の４課については各20分間として，他の課目は各30分間実施することとなっていた。１日の保育時間は３時間から３時間30分とし，土曜日は２時間としていた。これら課目は時間割として配列されていて，毎日必ず設けられていたのは，会集，唱歌，遊戯の３課目であった。上記の木ノ積立テ，板排べ，箸排べ，鐶排べ，豆細工，珠繋キ，紙織リ，紙摺ミ，紙刺シ，縫取リ，紙剪リ，画キ方の12課は，恩物と訳されていたフレーベルの教育玩具による課目となる（宍戸，2017, pp.24–25）。

松野クララよりドイツの幼稚園事情について学んだ豊田芙雄（ふゆ）や近藤濱は，歌や遊戯を日本の子どもに合うようにつくりなおして教育にあたったといわれる。一方で，カナダやアメリカの宣教師たちによって導入されたキリスト教主義教育の幼稚園の流れもある。例えば，1886（明治19）年にポートル（Poter, F. E., 1859~1939）によって設立された英和幼稚園（現・北陸学院第一幼稚園），1891（明治24）年にゲーンズ（Gaines, N. B., 1860~1932）によって設立された廣島女学院附属幼稚園（現・広島女学院ゲーンズ幼稚園）などのように幼稚園が普及した。これらの中で頌栄幼稚園は，保育者養成から始められたものであり，1889（明治22）年，ハウ（Howe, A. L., 1852~1943）が，日本最初の保育者養成機関である頌栄保姆伝習所（しょうえいほぼでんしゅうしょ）として神戸に設立した。それには保育実践に先立つ教員養成が必要としたことによる。教育課程は，修業年限２年，週の授業時間数38時限であって，宗教教育を基盤として，フレーベルの教育哲学および思想を学習した。その教育課程には，修身，教育学，心理学，理科，保育法，唱歌，音楽，作文があった。当該伝習所は，のちに開設されてゆく多くの保姆伝習所のモデルともなった。

実践において，形式的マニュアル的に形骸化したフレーベル主義の方法・技術論の保育に陥っていたものを，1899（明治32）年の幼稚園保育及設備規程の「保育ノ項目」を４項目（遊戯，唱歌，談話，手技）として，恩物を手技の中に含めることとなった（浦，1981, p. 12）。保育４項目の立場について，東基吉（ひがしもときち）は，『幼稚園保育法』（1904（明治37））を著し，形式的恩物主義から遊戯中心へ転換を図った。１日５時間の保育時間のうち３時間は遊戯にあて，１時間を唱歌，談話，手技等に，残り１時間を食事の時間として提案した（宍戸，2017）。

（5）大　正　期

大正期になると，デモクラシーが教育界においても影響を与え，自由教育運動や子ども（児童）中心主義教育等に傾倒するようになった。自由教育を推進する木下竹次（たけじ）らによって，これまで教師と学習者間の教育活動で使用されていた教授を学習に代えて用いるようにもなった。和田実（みのる）は，中村五六（ごろく）とともに，保育を，習慣の教育と遊戯の教育の２つの内容に大別し，習慣的教育法，遊戯の体系を明示した（宍戸，2017）。

デューイによる進歩主義教育の影響を受けた例として，及川平治らが分団式動的教授法を提唱したことがあげられる。分団とは，班やグループの集団を指す。それを用いて教育活動をしようとするものである。ここでいう動的とは，個々の児童・生徒の主体的な活動を展開した授業方法である。当時の教育状況から見て，個別，協同，プロジェクトといったような方法に急激に転換することに批判が及ぶ可能性を危惧した及川が，個別学習と一斉授業との折衷を分団式として示したものとみなされる。

1921（大正10）年には，八大教育主張講習会が行われた。その内容は自由主義であって，児童中心主義教育を目指した。その思想をもとに，澤柳政太郎による成城小学校（1917），羽仁もと子による自由学園（1921），野口援太郎による児童の村小学校（1924），小原国芳による玉川学園（1929）などが創設された。さらに女子高等教育の設置がさかんとなり，津田梅子による女子英学塾，成瀬仁蔵によって梅花女子校や日本女子大學校（高等専門学校），吉岡弥生により東京女医学校などが開設された。これによって平塚らいてうのような社会運動家も輩出されていく。芸術教育では，児童文学が勃興してくる。つまり子どもには大人とは異なる価値があるとし，鈴木三重吉が『赤い鳥』（1918）を創刊し，芥川龍之介，小川未明，北原白秋，島崎藤村らも寄稿していく。子どもの綴り方や詩も募集し，それらの作品を優れたものとして評価した。

倉橋惣三は，東京女子師範学校附属幼稚園に主任として赴任したころにも依然として残っていた，順序と型にとらわれ形式的に扱う恩物による保育活動を，幼児主体の遊戯中心の活動に戻した。例えば，恩物を籠に入れて積木玩具として幼児の好きなように使用させた（宍戸，2017）。さらには虚礼的な朝の集会を廃止するなどの改革も実施した。つまり倉橋は，系統的保育案として，デューイやキルパトリックの考えを取り入れて，幼児を本位とする保育カリキュラムを構築し（宍戸，2017，p.43），フレーベルが本来目指していたように，生活を通して自己充実を図ろうとした。そのためには自発性のある活動とともに，幼児の自己充実のために保育者が行う充実指導，さらにその後の誘導と，必要に応じた教導をしなければならないとした。この幼児の興味・関心に基づいた主題を設定する教育活動の流れを誘導保育といい，保育時間は毎日 4 時間で，フレーベルの恩物操作を中心とする保育内容で，その実践には及川ふみがあたった。

19世紀末期に岡山で大規模な孤児院を設立して社会事業を行っていた石井十次は，当時，商工業都市として最も栄えていた大阪市内に愛染橋保育所を1909（明治42）年に設立し，そこでは低所得者層の家庭の子どもを対象として，労作教育を重視した人間形成を行った。

（6）昭和期以降

昭和期に入ると，1930年代後半から日本は国家主義諸国と同盟を結び，明治期の富国強兵に加え，軍国主義教育を強化した。国民精神総動員実行行事では，慰問袋や慰問文の送付，神社や寺院の清掃，勤労奉仕などを実施し，欧米植民地主義列強諸国と対峙していく。1941（昭和16）年には，尋常小学校は国民学校に名称を変更し，年間行事に，勅語奉読式，神社の清掃と参拝，戦没兵士の墓地清掃，勤労が強調されるようになった。それらには自発性が重視され，教科外活動や行事・儀礼が尊重された。しかも地域社会や家庭との関係も考慮されていて，児童は皇国民として鍛錬された。学校行事には，運動会，遠足，虫歯（齲蝕（うしょく））予防，水泳大会などが用意され，地域社会や家庭ではラジオ体操を行う子どもが奨励された。対米英戦に突入する際には，初等教育から高等教育に至る各学校の教育に軍事教練が組み込まれるようになった。さらに，障害児教育が義務化されるようになる。理由としては，徴兵で失われた労働力を補うための人材養成を目指したことによる。幼児教育については，尋常小学校が教育課程の大きな改編を迫られたのに比較すれば，紙芝居の内容の一部など教材での国家主義的表現は見られたものの，影響は小規模で済んでいた。

1945（昭和20）年の敗戦後には，占領軍である連合国軍最高司令官総司令部（GHQ）からの教育改革の指令により，国家主義や軍国主義的要素を払拭された。しかもアメリカ教育使節団からの教育改革報告書をもとにして設置された教育刷新委員会が，教育理念や教育制度を変貌させた。1947（昭和22）年には，いわゆる民主的な内容となった教育基本法と学校教育法が制定され，六三制の小学校と初等中等学校（中学校）の義務教育体系が実施された。教育の機会均等，教学，政治的教養，宗教からの中立，教育行政の独立など，教育を受ける権利を示した。ただし特殊教育（障害児教育）については，就学猶予が図られ，義務化が後退した。

教育課程には，デューイやキルパトリックらによる経験カリキュラムが再度取り上げられることとなり隆盛を極めた。しかしながら，1950年代後半から始まった高度経済成長期には，各校種・各教科等の学習指導要領等が，法に準じる拘束力を強めていくとともに，その教育課程は，欧米先進諸国の科学技術に追いつき追い越すための多くの知識・技術を注入するために教科カリキュラムが利用されることとなった。いわゆる詰め込み教育が小・中・高等学校で実施された。経験カリキュラムの教育課程が残った幼稚園は，文部省のもとで「幼稚園教育要領」による幼稚園教育，保育所は厚生省の児童福祉法などをもとにした「保育所保育指針」による保育所保育として，1956（昭和31）年には明確に二元化され，それぞれ独自の方向に進むことになった。

歴史的には，石井の没後にあとを継いだ富田亀吉が，1918（大正7）年，愛染橋保育所に幼稚園を付設したのが単線型保育施設の始まりといわれる。保育所の入所対象児を3歳未満の乳幼児，幼稚園の就園対象児を3歳児以上として，文部省や内務省に一元化を要請していたが実現しなかった。それが実現したのは，1943（昭和18）年であって戦時保育所として実施された。しかしそれも一時的なもので，保育一元化論の発想は，倉橋惣三や城戸幡太郎により1930年代にも提唱され，1940年代後半にも保育関係者がその実現を目指したが，いまだに実現には至っていない。実質的に1970年代より運用してきたのが，守屋光雄による北須磨保育センター（神戸市）である。保育の概念を乳幼児の発達を保障する教育として統一的に捉えることを前提として，既存の幼稚園と保育所の基本的性格を使用して，子どもの発達，保育者の研究，保護者の生活・育児，それら三者の立場を保障することを目指した。当該センターでは，隣接した敷地に幼稚園と保育所を併設し，日常は両方の園・施設を利用できるよう，各園・施設に所属している子どもが行き来できるように工夫していた。2006（平成18）年度より，さらに2017（平成29）年より本格的に幼保連携型認定こども園の名称で総合保育施設が各地で稼働し始め，現在に至っている。

1960年代には，幼児教育の義務化が検討されたが頓挫し，現在に至るまでしばしば論議されているが実現に至っていない。小学校教育から高等学校教育については，高等学校や大学への希望者数や進学率が急増し，それゆえ受験競争が激化し，詰め込み型教育によって落ちこぼれ・落ちこぼしが生じ，高等学校における退学者の増加，小学校や中学校における校内暴力，いじめ，学級崩壊，さらには種々の理由から不登校が深刻化するなど多様な問題が発生することになった。1960年から1980年代にかけての，いわゆる詰め込み教育の反省から，学校教育に「ゆとり」をもたせ，週休２日制を実施し，週末には家庭に幼児，児童，生徒を返すことにした。同時に，基礎学力の習得を充足すべき教育内容の精選を行った。総合的学習の時間などの経験学習を拡充し，「トライやるウィーク」（兵庫県教育委員会）に代表される職業体験を各都道府県自治体教育委員会が導入した。それらの結果，地域の人々との理解や関係構築がされ，落ちこぼれ・落ちこぼしがなくなった。しかし，この教育内容を実施し始めた時からPISA（OECD生徒の学習到達度調査）の得点が低くなったことで，「ゆとり」に問題があるかのように指摘された。それによって教育課程の転換に至った2007（平成15）年には，併せてインクルージョン（包含）教育として，前年の公示を受けて特別支援教育に名称も改正されて，障害児にかかわる教育が充実されてきた。かつてはインテグレーションとして，障害児と健常児の異なった２つを合わせる・統合するとする意味合いがあった。しかしながら，インクルージョンによって元来，皆が一緒に含まれて同じ学び舎にいる考え方となった。その後，景気の停滞や経済格差から，PISAで示された学力の低下や子どもの教育の権利の格差までが課題といわれてきている。そこで，かつて実施されていた「ゆとり」をなくし，授業時間数の増加や教育内容の重点化が見られるようになった。

さらに，2017（平成29）年から2019（平成31）年にかけての「幼稚園教育要領」や小中高等学校の「学習指導要領」「特別支援学校幼稚部教育要領／小学部・中学部学習指導要領／高等部学習指導要領」では，「主体的で共同的な深い学び」を実現するため，教育課程に示されている３つの資質能力を，幼児教育から高等学校教育まで一貫して共通したものとなっている。

すなわち「生きる力」の理念については，従来通り旧課程より引き継がれてはいるが，各学校段階でsequence（系列，順序）の観点で，資質・能力としての３つの柱（①知識及び技能，②思考力，判断力，表現力等，③学びに向かう力，人間性等）が示されることによって，幼児教育から高等学校教育まで体系的に育んでいくことが明確に示された。

こうした幼稚園教育要領および学習指導要領改訂に呼応し，保育所保育指針と幼保連携型認定こども園教育・保育要領も併せて改訂となり，その教育内容は幼稚園教育要領との共有が図られている。

5．近年の動向

2006（平成18）年の「教育基本法」改正では，「人格の完成」については，旧教育基本法から従来通り踏襲されたが，旧法で示されていた「個を重視」は「協働」を強調する教育観に代わった。さらに現行法では，世界の動向に同調するとともに，国内の社会問題の解消にも向けて，家庭教育や幼児教育の条文が新設されている。家庭教育には，親など保護者に子どもの教育の責務があることや生活にかかわる習慣を形成することを担うことなどが記されている。幼児教育が人格形成の基盤となる重要さを示している。

ヘックマン（Heckman, J. J., 1944~）ら経済学の立場から，乳幼児期の教育への公的資金の投資は，高等教育の年齢段階での経費より安価であることが明らかにされた。しかも，その時期に教育を受けたものは，そうでないものよりもより多くの経済的還元を社会にもたらすことが証明された。したがって，よりよい教育課程を立案し実施するには，子どもの人格の完成や最善の利益の保障のためには，家庭や地域を支援することも含めて，学校・園への潤沢な人材，予算，環境整備への投資が急務のこととなっている。

6．教育課程・指導計画の課題と展望

教育現場においての課題として，教育課程と指導計画は，いわば二重構造となっている。このような態勢となったのは1964（昭和39）年の幼稚園教育要領

告示からである。それゆえ広義と狭義の教育課程が，実践現場である学校・園で混在し，しかも指導計画とも，意味が入り組んでいることがある。したがって，それらの編成作業の際には，用語使用にあたって前後の脈絡から推察しなければならない。つまり，用語の明確化と精査による混同の解消が必要であろう。ここには学校教育法第一条校（学校教育法第1条に規定される9つの学校種）以外の児童福祉施設等がかかわってくる。それらは保育内容と評価の観点からは，学校教育の教育課程と共有化が図られているが，管轄省庁も絡み，学校教育でないところに教育の質の担保がなされることが課題となる。

教育課程は，学校・園の基本的な方向性を示したものであって，指導計画は，教育課程を実践していくための具体的手立ての傾向がある。しかも教育課程は，校長・園長の責任において編成されるのに対して，指導計画はクラスを担任する教師・保育者の責任で作成される。ここで教育・保育は日々の学習者との生活の積み重ねであるし，それら学習者の実態を反映した指導計画は，教師や保育者にとって最も身近な計画となる。しかし教師や保育者は，あわただしい毎日の業務に追われる中で，目先のことに左右され，かえって学習者の実態を見失ってしまうことになるかもしれない。それゆえ教育課程が，実践する上での羅針盤的存在となる。しかし教育課程の内容がよいものであったとしても，いつまでも同一のものを実践として使用するわけにはいかない。つまり，時代が推移すれば環境が変容するので，社会からの要請や学習者の違いも生じる。日々の幼児の行動や意思も異なる。気候の変化もある。それに常に対応し続けるには，持続的に改善するカリキュラム・マネジメントが必要となる。教育課程，指導計画や記録等の公開報告などで，持続的な改善が必要となる。そこには可視化した省察の機会を増やしていくことが有効となる。つまり，前述のこととともに，教師にとっての業務量や時間との兼ね合いが課題となる。

諸外国と異なる日本の課題としては，その義務教育期間にある。これは数十年前からの課題であって，近年の議論はようやくの再燃にも見える。その前倒しによって学習者の資質能力を向上する基礎教育の期間を保障することになる。そこには実施されている教育課程の接続とともに，そのことをさらに有効化する家庭教育や地域の社会教育（生涯教育・生涯学習）との連携支援のためのプログラムが必要となる。それはかつての学校・園等の教育活動の基盤となっていたものの新たな協働ともなる。

まとめの課題

1．幼児教育で，主に使われている経験カリキュラムについて，教育・保育実践として運用する時には，どのようなことに留意しているだろう。
2．教育課程を創出したコメニウス，ペスタロッチ，フレーベル，ヘルバルトとヘルバルト学派，デューイとキルパトリックら進歩主義論者，本質主義者，それぞれの理念について簡潔に述べてみよう。
3．日本の教育課程は，国内で統一されているだろうか。ナショナル・カリキュラムは，州など各地域の教育委員会で定められたカリキュラムと比較してどのような利点があるだろうか。

参考文献

・伊藤篤・西本望・春豊子・平井和恵・川本真紀・岩本美幸・谷口さゆり・柴垣郁子・近都勝豊・大久保拓哉・松田和子：指導の手引き　幼児期と児童期の学びをつなぐ～幼児期の終わりまでに育ってほしい姿～，兵庫県教育委員会，2017
・宍戸健夫：日本における保育カリキュラム　歴史と課題，新読書社，2017
・武安宥監修，塩見剛一・成山文夫・西本望・光成研一郎編：教育のイデア，昭和堂，2018
・西本望・本玉元：世代間での子ども観および子育て意識の相違，『関西の子育て文化（関西文化研究叢書５）』武庫川女子大学関西文化研究センター，2006，pp.50–63，pp.109–144
・福元真由美：都市に誕生した保育の系譜―アソシエーショニズムと郊外のユートピア，世織書房，2019

第3章 教育課程の編成，保育の全体的な計画の作成

予習課題

1．いろいろな園のホームページを見て，園の目標にはどのようなものがあるのかを調べてみよう。また，年齢ごとのねらいや保育の内容などがていねいに書かれている園を選んで，記載されている内容をノートに書き写しておこう。
2．ノートに書き写した内容から，その園の教育課程や全体的な計画がどのようなものだと想像できるかを，ノートにまとめてみよう。
3．可能であれば，養成校の附属園を含め，みなさんがこれまでに関係したことのある園にお願いして，教育課程（幼稚園の場合），全体的な計画（保育所や幼保連携型認定こども園の場合）を，実際に見せていただこう。

1．はじめに

本章では，「教育課程」と「全体的な計画」とは何かということと，教育課程の編成や全体的な計画の作成の仕方について学ぶ。また，第４章で詳しく解説する「指導計画」との関係についても学んでいく。

2．「教育課程」と「全体的な計画」とは何か

第１章で述べたように，幼稚園は，学校教育法に基づく学校であり，法的には，最も低年齢の子どもが学ぶことのできる学校である。学校教育法第22条・

第23条には，それぞれ幼稚園の「目的」「目標」が示されている。また，教育基本法第１条に定める「学校」は，教育課程を編成することが学校教育法施行規則に示されている。教育課程とは，入園や入学をしてからのすべての期間を通しての教育の見通しを示すものである。

学校である幼稚園が幼児教育を行うことは明らかであるが，幼児教育は，保育所・幼保連携型認定こども園においても行われている。しかし，保育所・幼保連携型認定こども園は学校教育法に基づく学校ではないため，教育課程は編成されない。それに代わるものとして，保育所・幼保連携型認定こども園では，園での生活が始まってから小学校に就学するまでのすべての期間を通しての教育や，子どもの生活の全体を通しての計画を作成することになっている。

近年，実際には，ほとんどの幼稚園において預かり保育等が行われている。それは学校教育を行うというより，子どもと保護者の生活を支える役割を担うという意味合いが強い。そして，それにかかる時間について何ら計画を立てないようでは，預かり保育等の時間に対する責任をもつことが難しくなる。そこで幼稚園においては，教育課程を編成するとともに，預かり保育等の時間についての見通しをも含めた，全体の計画を立てる。したがって，幼稚園には「教育課程」が必ずあり，それも含めた，教育以外の時間や活動についての「全体的な計画」がある，ということになる。

幼稚園，保育所，幼保連携型認定こども園における保育にかかわる計画では，教育課程や全体的な計画のように，その園の保育のすべての期間を見通して編成・作成される計画と，その大きな見通しを示す計画をふまえて，それをより具体的に示した「指導計画」を作成することになっている。指導計画には，教育課程や全体的な計画に比べるとより具体的な「長期の指導計画」と「短期の指導計画」がある。長期の指導計画とは，ある年齢の１年間を見通した計画，あるいは期・月といった期間を見通して立てる指導計画である。それに対し，短期の指導計画とは，「今日この子たちは，こんなふうに遊びに夢中になっていたから，明日は，どのような思いをもって登園してくるかしら」「この子たちに，どのような環境を用意しておいてあげようかしら」「その中で，その子がどのような経験をするのかしら」「その時，保育者はどのような援助をしたいのかしら」などいった，きわめて具体的な計画のことである。

保育の計画の中で，最も大きな見通しを示すものが，「教育課程」であり，「全体的な計画」である。そして，保育の計画には，大きな見通しをもとに，それをより具体化した「長期の指導計画」と「短期の指導計画」が立案されるということである。表3-1に，それぞれの園とそこでの保育の計画の関係性を示す。

表3-1　幼稚園，保育所，幼保連携型認定こども園の保育の計画

	幼稚園	保育園	幼保連携型認定こども園
子どもが在園する全期間を見通す計画	教育課程 全体的な計画（教育課程を含めた計画）	全体的な計画 （教育課程は含まない）	
子どもが在園する全期間を分けてより具体的にした計画	指導計画 （長期と短期の指導計画がある）		

3.「教育課程」の編成と「全体的な計画」の作成

教育課程の編成と全体的な計画の作成にあたり，必ず押さえておくべきことについて見ておこう。幼稚園，保育所，幼保連携型認定こども園の要領・指針では，教育課程や全体的な計画については，第1章総則に記されている。書き方は，それぞれ少しずつ違う。しかし，大切な点については共通しているので，それについて確認しておきたい。

（1）関係する法令等とそれらを確認する意味

要領・指針においては，関係する法令等を確認することと記されている。ただし，幼稚園，保育所，幼保連携型認定こども園では，関係する法令等が異なる。そのことを示したのが図3-1で，それぞれの園で教育課程や全体的な計

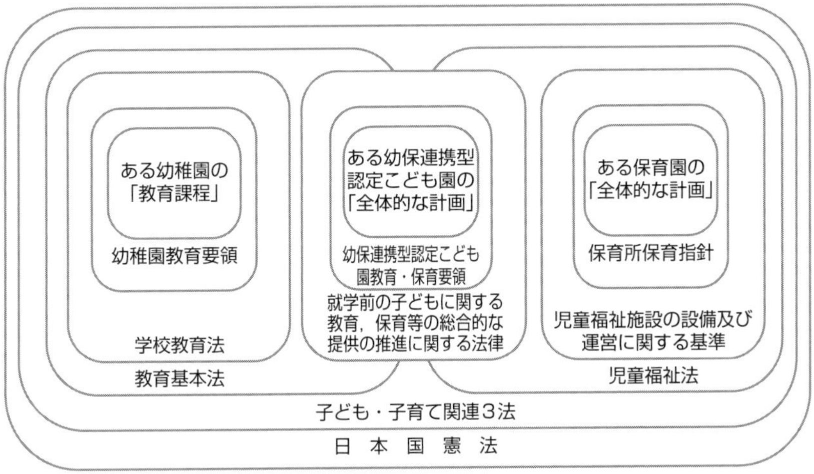

図３－１　各園の教育課程，全体的な計画と関係法令

画を考える際に参照すべき法令等があることを示している。法令等には，上下関係があり，入れ子構造のようになっていることが分かるだろう。

例えば，ある幼稚園で教育課程を編成しようとする場合，いくらその園の独自性をもったものでよいとはいえ，幼稚園教育要領に則っていなければならない。その要領は，学校教育法に基づくものであり，幼稚園の目的・目標の設定も，それから逸脱することはできない。また，学校教育法は，日本の教育の基本を示す教育基本法に基づく法律であり，やはり，それから外れたことは定められてはいない。同様に，教育基本法の上位の法律として，子ども・子育て関連３法があり，その上位に日本国憲法がある。当然のことながら，教育基本法も，児童福祉法も，この２つの法律に反するようなことは定められていない。

図３－１を入れ子構造のように表したのは，たとえ，ある園が教育課程の編成や全体的な計画の作成を行うにしても，そこには必ず準拠すべき法律があること，また，その法律も，より上位の法律には反しない形でつくられたものであることを明確にしたかったからである。少し遠い存在と感じられるかもしれないが，日本国憲法に反するようなものを編成・作成することはできないとい

うことである。

なお，煩雑になるため図3-1には記載していないが，日本は1994年に「児童の権利に関する条約」，いわゆる子どもの権利条約とよばれる条約を締結しており，保育においては，この条約はかなり上位の法律と同じ位置づけになるものである。国際条約であるので，締結国は，この条約を守る責任を国際的に負っていると言い換えることもできる。この意味は大きく，忘れてはならないであろう。

例えば，子どもの権利条約第12条において，まだ言葉を話すことができない幼い子どもであっても，意見表明権が認められている。その権利を守るためにも，保育においては，幼い子どもの泣き声やささやかな表情に保育者が温かい心を寄せ，理解し，その意思をできる限り尊重する保育を行うことが良いとされるような全体的な計画を作成することが必要である。「幼い子どもが何を表現したいかなどはささいなことだから，大人が正しいと思うようにさせなければ…」とはしないように注意しなければならない。こうした気づきを得ることも，法令等を確認する意味である。保育の計画において，なぜ法令等を確認するのか，その理由もしっかり意識しておこう。

さて，教育課程や全体的な計画というと，保育を学んでいる段階であるみなさんにとっては，自分とは関係が遠いこと，例えば園長先生やベテランの先生の仕事であって自分とは関係がないことと思うかもしれない。しかし，園長らが中心となるのはたしかであるが，教育課程や全体的な計画の編成・作成においては，保育者全員が日頃の保育実践を振り返りながら常によりよいものになるように積極的に関与していく必要がある。このプロセスがカリキュラム・マネジメントである。みなさんも，それを行う責任をもつ立場になるのだという自覚をもって，本章の内容を自分の問題として学んでいこう。

（2）幼児教育の方向性を押さえる

幼稚園，保育所，幼保連携型認定こども園は，いずれも幼児教育を行う。要領・指針には，0歳児の保育を除き，「健康」「人間関係」「環境」「言葉」「表現」の5領域の「ねらい」と「内容」があり，ねらいと内容はほぼ共通している。これは，日本で幼児教育を受ける子どもは，どの園でも同じ幼児教育を受けられるようにとつくられているからである。

要領・指針の第2章を確認してみると，保育所と幼保連携型認定こども園においては，「養護」のねらいと内容がある点が，幼稚園とは違うように読める。しかし，幼稚園においても，子どもの安心や安全を守らなければならないことは随所に示されていることから，養護という言葉が使われているかどうかの違いと考えてよいだろう。

さらに，5領域のねらいと内容は，子どもの自発的な活動としての遊びや子どもらしい生活を中心として達成されるようにするという点についても，共通している。また，何かを言葉で教えることを通して身につけさせるのではなく，一人ひとりの興味や関心に基づいた適切な環境を用意し，それらの環境に子どもたち自ら思いを巡らせながらかかわることを通して育てるという点も共通している。つまり，保育の方法が，小学校以降の教育のように，教師主導でクラスが一斉に1つの決められた学びに向かうことによって育てるという形ではないことが分かる。環境を計画的に構成するということも，教育課程や全体の計画を編成・作成する上で，最も重視すべき点だといえよう。

さて，要領・指針では，5領域のねらいと内容に向かうすべての活動について，大きく2つの方向性が示されている。その1つは，「幼児期の終わりまでに育ってほしい姿」(以下，「10の姿」)であり，もう1つは，「幼児期に育みたい資質・能力」(以下，「3つの資質・能力」)である。

5領域のねらいと内容，それを通して幼児期の終わりまでに育つことが望まれる10の姿と3つの資質・能力が，教育課程の編成や，全体的な計画の作成の大きな方向性であることをしっかりと押さえておこう。ここで，間違えないでほしいのは，5領域とは別に10の姿や3つの資質・能力を育てていくのではなく，5領域のねらいと内容に向かって育てていく中で，10の姿や3つの資質・能力を育てているという点である。

幼児期の終わりまでに育ってほしい姿（10の姿）

（1）健康な心と体，（2）自立心，（3）協同性，（4）道徳性・規範意識の芽生え，（5）社会生活との関わり，（6）思考力の芽生え，（7）自然との関わり・生命尊重，（8）数量や図形，標識や文字などへの関心・感覚，（9）言葉による伝え合い，（10）豊かな感性と表現

このように10の姿は，５領域のねらいと内容とのつながりも見えやすいものになっていることが分かるだろう。

例えば，「（6）思考力の芽生え」は，いかにも領域「環境」との関連が深いと考えられがちではある。しかし，領域「健康」のねらいと内容にある運動的な遊びである，鬼ごっこなどでも「どうやったら，捕まらないか」を子どもたちが一生懸命に考えて動いていることが分かるだろう。あるいは，友だちと協同して，はさみうちにすればよいなどとアイデアを駆使したり，実際に，友だちに「ぼく，こっちから行くから，あっちからつかまえて」などと言葉で伝えたりしていることが多い。これは，まさに「（2）協同性」が育つ場面と捉えるべきであるし，「（9）言葉による伝え合い」であると理解し，評価する必要がある。反対に，「（9）言葉による伝え合い」という文言を見ると，何とか，子どもたちを集めて話し合いの場面をつくらなければならないと考えがちである。しかし，まさに，このような鬼ごっこの場面で見られる姿は，子どもたちが思考力を駆使し，また，協同性を発揮し，その必要感をもって，言葉で伝え合うことに意味を見出していると考えるべきであろう。

以上のように，10の姿と５領域とのつながりは，あくまでもていねいに見ていく必要がある。そして，それを前提としつつも，教育課程や全体的な計画が，子どもが入園してから就学前までのすべての時期を見通しての計画であり，小学校との接続をも重視していることと考え合わせ，方向性として，しっかりと押さえておく必要があるといえよう。換言すると，小学校は，このような姿に育って入学してくることを期待しているということができる。

では，３つの資質・能力についてはどうであろうか。

幼児期に育みたい資質・能力（3つの資質・能力）

（1）豊かな体験を通じて，感じたり，気付いたり，分かったり，できるようになったりする「知識及び技能の基礎」

（2）気付いたことや，できるようになったことなどを使い，考えたり，試したり，工夫したり，表現したりする「思考力，判断力，表現力等の基礎」

（3）心情，意欲，態度が育つ中で，よりよい生活を営もうとする「学びに向かう力，人間性等」

このように3つの資質・能力とは，（1）知識及び技能の基礎，（2）思考力，判断力，表現力等の基礎，（3）学びに向かう力，人間性等をいい，幼児期だけではなく，小学校以上の学校教育の方向性の基礎にもなっている。日本の教育は，一貫して，この3つの資質・能力を育んでいるといえよう。

代表して，小学校とのつながりについて，以下に示す。

【幼児教育を行う施設：幼稚園，保育所，幼保連携型認定こども園】		【小学校】
（1）知識及び技能の基礎	⇒	（1）知識及び技能が習得されるようにすること
（2）思考力，判断力，表現力等の基礎	⇒	（2）思考力，判断力，表現力等を育成すること
（3）学びに向かう力，人間性等	⇒	（3）学びに向かう力，人間性等を涵養すること

まさに，幼児教育は，幼稚園でも，保育所でも，幼保連携型認定こども園においても，小学校以上の教育において求められる，育みたい資質・能力の基礎をつくっていることが分かるであろう。先述した鬼ごっこでいえば，その経験を通してやり方を学び，捕まって悔しい思いや捕まえて嬉しかった思いなどの感情を伴いつつも，知識や技能を獲得し，それを使って，思考力，判断力，表

現力（これは例えば，言葉でうまく伝えられるということも表現力といえる）を，持てる力のすべてを発揮しているからこそ，わくわく楽しめるのであるし，多少の嫌な思いがあっても，頑張って粘り強く，繰り返し鬼ごっこを続けられることにつながっているのであろう。子どもは，3つの資質・能力を育みたくて鬼ごっこをしているわけではないが，楽しくわくわく遊ぶ中で，3つの資質・能力の基礎が育まれていると考えることができる。

（3）園の目標と教育課程，全体的な計画との関係
—日々の保育実践からカリキュラム・マネジメントへ

ここで，園の「保育目標」や「保育理念」について考えておきたい。保育施設にはそれぞれ独自の保育目標や保育理念がある（第1章参照)。「強く明るく元気な子」や「みんな仲良く大きなおうち」などのスローガン，キリスト教や仏教など創立者が信仰する宗教に基づく保育理念を掲げた園もある。

こうした保育目標・保育理念の中には，変更することが難しいものもあるが，実際の保育の場面では，保育者，園児，保護者の顔ぶれが少しずつ変わることによって，やはり少しずつ変化しているものである。年度が替わると担任保育者は別のクラスに異動することが多いが，園児たちの個性や雰囲気（今年の○○組の子どもたちの様子）も前年度とは違っていたりする。保育者は，自分とは少し離れたところに園の保育目標や保育理念を置いて理想的なものと捉えがちだが，実際には，保育者一人ひとりの日々の保育実践の積み重ねによって，その園の保育目標・保育理念が日々少しずつ更新されているのである。つまり，日々の保育実践から独立した，保育目標や保育理念などというものはないといえる。

しかし，このことは理解されにくい。例えば，保育者は先輩たちの実践記録を参考にして，月案や週案を立てることが多い。それ自体はおかしなことではないが，保育者一人ひとりの個性や，得意なこと，苦手なことは違うし，園児たちの個性も違う。そのため，園の保育目標・保育理念をふまえ，実践記録を参考に自分の保育を組み立てようとすると，同じことをやっているつもりで

も，違った保育にならざるを得ない。また，前年度の保育者の記録をなぞるように保育を行おうとしても，どこかで必ず保育者や園児ごとの個性が出てしまうであろう。この時，あえて新しいことを考えなくてもよいだろうと思ってしまうかもしれない。しかし，この考えは手抜きの言い訳にしかならない。無計画では，よい保育は実践できないのである。

園の保育目標や保育理念をふまえ，実践記録，園児たちの実態，保育者自身の力量を総合的に考えて，自分なりの保育をつくり上げるのである。園の保育目標・保育理念は，保育者の日々の実践によって初めて姿を現す。保育者一人ひとりの日々の小さな実践が，その園の保育目標・保育理念を体現しているのであるし，子どもたちの育ちの日々をつくっているのである。その実践は，やがて新たに保育をはじめる次の保育者が自身の実践の参考にする。それは保育者としての責任の重さを意味する。その重さに不安になるかもしれない。しかし，不安におびえる前に，園の保育目標・保育理念を実践につなげているか，どうしたらできるのかを考えるべきであろう。あるいは反対に，日々子どもたち一人ひとりに接する中で，園の保育目標・保育理念だけでなく，子どもたちの気持ちや育ちを考えている保育者であるからこそ，気づけることもあると考えるべきである。それは，園の保育目標・保育理念を子どもたちのために変えることが必要かもしれないという話し合いにつながる可能性となる。

このように考えると，園の保育目標や保育理念の中にも，保育者一人ひとりの日々の振り返りをもとに見直される可能性があってもおかしくはないといえる。現実には，あるいは従来多くの園では，園の創設者や園長の考えをただ受け継いでいけばよかったのかもしれないし，保育者の実践から見直しや問い直しをすることは考えにくかったかもしれない。また，園の保育目標・保育理念の実践的な意味を互いに誤解しているという場合も多い。

例えば，「思いやりのある子ども」というような文言から，使っている遊具を他の子どもが欲しいと言ったら譲るというイメージをもってしまうこともあるだろう。しかし，本当にやりたいことに一生懸命に向かっている時には，「今，これをしたいから，終わってからにしてね」と断れることも，互いに思いやりのある子どもになる道であろう。なぜなら，「貸して」と言えばいつでも自由に自分が使える，「貸して」と言われたら諦めるしかないということは，決して「思いやり」の本質ではないからである。「思いやりのある子ども」という保育目標の文言を，実践のレベルでどのように考えるべきか，その捉え方も話し合い深めていく必要がある。この振り返り，すなわち省察から，新たな保育を保育者全員で納得し，実践につなげていけるようにすることが求められている。これがカリキュラム・マネジメントである。

カリキュラム・マネジメントは，指導計画のレベルから，最終的には，教育課程や全体的な計画のレベルへとつながらなければ，本当の意味のものにはならない。保育者一人ひとりの実践や記録をもとに，園の保育目標・保育理念についてもボトムアップ式に見直すことが求められる。保育実践をもとに，教育課程や全体的な計画を常に見直しつつ，編成・作成していくためには，保育者の振り返りや省察を通して，保育実践のPDCAサイクル（計画（Plan）→実践（Do）→評価（Check）→改善（Action））がうまく機能していくことが大切であり，その上で，園の保育目標・保育理念を振り返る必要がある。ボトムアップ式の見直しを認める園の風通しの良さが，教育課程や全体的な計画の生き生きとした編成・作成を実現するためのカリキュラム・マネジメントの基礎となるだろう。

（４）教育課程の編成，全体的な計画の作成において必要なこと

では，教育課程や保育の全体的な計画は，実際にはどのようにして編成・作成するのだろうか。保育者養成校に所属する学生の段階では，幼稚園，保育所，幼保連携型認定こども園の全体の計画である教育課程や全体的な計画を目にすることは少ないと思われる。しかし，園で保育者として働く場合，教育課程や全体的な計画は，日々の保育を組み立てる基礎になる計画であるから，どのような手順で編成・作成されるのかを知っておく必要がある。以下に，具体的な手順について説明する。

「幼稚園教育要領解説（平成30年２月）」（文部科学省，2018年，p.70-71）には，

教育課程編成の際の留意事項として，「幼児の心身の発達」「園の実態」「地域の実態」「創意工夫を生かすこと」の４項目が記されている。これは幼稚園だけでなく，保育所や幼保連携型認定こども園においても重要な視点である。それぞれの項目について考えていこう。

1）幼児の心身の発達

乳幼児期は，心身ともに大きな発達がみられる時期である。０歳児は１年間で身長がおよそ1.5倍，体重がおよそ３倍になることが知られている。しかし個人差も大きく，成長が早い子もいれば遅い子もいる。やがて自立歩行ができるようになり，語彙（ごい）が増え，衣服の着脱やトイレが自分でできるようになり，集団での生活にも慣れていく。５歳児で卒園が意識されるころには，どの子もそれなりに生活習慣が確立され，「お兄ちゃん・お姉ちゃん」の顔になるものである。

大まかな発達の姿としての「○歳の姿」は，保育心理学などの授業ですでに学んでいるかもしれないが，「保育所保育指針解説」（第２章　保育の内容）では，①乳児保育として０歳児の保育，②１歳以上３歳未満児の保育，③３歳以上児の保育と大きく３つに分けてねらいと内容が示されており，それぞれ基礎的事項として，その年齢区分の発達の特徴が示されている。

保育者としては，まずは自分の担当する年齢の子どもの育ちをよく知ることが大切であり，その理解を進めた上で，担当する子どもたちの入園時点からの成長プロセスを捉えることが必要である。それと同時に，１年後，２年後，卒園までの子どもの発達の姿を想定できるように，視野を広げるとよいだろう。この見通しがないと，入園から就学前までの全体的な計画を作成することもできない。

全体的な計画を作成するために，乳幼児の各時期の心身の発達をしっかりと理解しておくことの重要性を，保育所保育指針を例に説明したが，これは，保育所だけではなく，幼保連携型認定こども園においても，幼稚園においても同様である。それと同時に，園での記録をもとに，その園の環境の中で，子どもたちがどのような発達の姿を示すのか，あるいは示してきたのかを理解しておくことも重要であることを忘れてはならない。

ではなぜ，教育課程，全体的な計画の編成・作成にあたり，発達の姿が大切になるのだろうか。それは，子どもたちが，発達していくそれぞれの時期にふさわしい生活が展開されることが重要だからである。また，発達に応じたふさわしい生活が展開されるように，適切なねらいと内容を設定することがきわめて重要だからである。子どもたちは，それぞれの発達にふさわしい生活ができることで，満足感や達成感が得られ，園生活は充実したものとなる。そうした生活環境とかかわっていくことで，子どもたちは成長することができる。

教育課程，全体的な計画の編成・作成では，年齢からみた発達の姿だけではなく，乳幼児一人ひとりの生活経験や成長プロセス，その子らしい興味や関心のもち方などを考慮して，5領域の内容が総合的に指導され，達成されるように整理する。また発達段階ごとに，園の保育目標がどのように達成されていくのか，おおよその予測をしながら検討する視点をもつことが重要である。

幼児期は生涯にわたる人格形成の基礎（保育所保育指針では「人間形成の基礎」）を培う重要な時期である。だからこそ，子どもの発達の特性を理解し，長期的な視点に立って見通しをもつことが求められる。

2）園の実態

園によって園児の定員やクラス配置，保育が行われる期間（年限），敷地面積や園舎の状況，施設・設備の状況，教職員の種類や人数などの違いがある。0・1・2歳児のみの子ども30名程度の保育を行う小規模な園もあれば，同じ年齢のクラスが複数ある大規模な園もある。幼保連携型認定こども園の場合，幼稚園児と同じとみなされて保育を受ける1号認定の子どももいれば，保育所に入所できると認定された2号認定の子どももいて，子どもたちの在園時間が大きく異なる場合がある。幼稚園では，教育課程に係る「教育時間」のみ在園する子どももいれば，預かり保育を含めた長時間保育を受ける子どももいる。保育所では，一人ひとりの子どもの登園時間や降園時間のばらつきが大きい。また，保育士だけでなく，栄養士や看護師がいる園，事務や用務の職員がいる園もある。それぞれの園での保育内容は，保育にかかわる人たちによる人的環境から大きく影響を受ける。敷地面積や室内環境，園庭の広さや遊具の種類などの物的環境も実際の保育に影響を与える要素である。

教育課程・全体的な計画の編成・作成にあたっては，その園の実態に合わせた最善の保育を探究していく必要がある。園庭が狭い，あるいは保育室が２階にあるといった園環境の使い方についても，保育計画においては園全体で考えていかなくてはならない。例えば，小規模園は家庭的で良いイメージもあるものの，園児の数が少なすぎて，ドッジボールのような遊びがなかなか楽しくできないという問題が出ることがある。ある園児が年下の子どもたちの面倒を見たりする良い面がある一方で，自分の思いや考えを存分に探究できているかは疑わしいなどの問題が見えてくることもある。こうした問題を日々の実践から振り返り，それをよりよいものにできるような教育課程や全体的な計画を，園の保育者全員の知恵を集めて完成させていきたいものである。

いざ保育者として働き出すと，自分の園の実態は日常的な活動の背景になってしまい，意識しづらくなる。運営理念が似た園や園児定員が同程度の園などの他の園と比較してみると，自分の園の実態は把握しやすくなる。

３）地域の実態

園のある地域の特徴についても考えておきたい。都市部の人口密集地域の園，たくさんの自動車が走る幹線道路そばの園，にぎわう商店街に近い園，自然が豊かな田園地帯の園など様々である。春は桜が見事な地域，冬は乾燥した風が吹きつける地域など，季節ごとの地域の特徴も園の生活に大きく影響する。時期ごとに可能な外遊びのバリエーションは地域によって異なるだろう。

園児と保護者は地域社会から園にやってくる。保護者のニーズや思いは地域社会のニーズや要請から様々な影響を受けているだろう。特に教育熱心な地域では，幼児教育・保育に関する今日的な課題や，期待される子どもの姿などを意識して，園の保育目標を検討することが求められるかもしれない。

児童館や図書館など，保育に活用でき，連携が期待できる地域の社会資源，緊急時の避難先や警察，消防署等が近くにあるかどうかは，保育内容や避難訓練のバリエーションを考える上で重要となる。近隣の教育，保育，社会福祉施設についても，活動内容や特色を把握しておくとよいだろう。

お祭りなどの地域行事については，例年の保護者や園児らの参加の程度によって，その時期の保育内容を検討する必要が出てくるだろう。地域行事に対して，園の施設を貸し出すということもあり得る。子どもたちにとっても，そうした大人たちが主体となったお祭りのような地域行事は，興味や関心も強く，自分でもやってみたいと思うものである。お祭りの後では，お神輿がつくれるような素材を用意して自分たちでつくったり，いつもは出ていない出店なども，自分たちでもやってみたくなり，場合によっては，年下の子どもたちに客になってもらったりという遊びが広がることが多い。

このように地域の実態を把握して，教育課程や全体的な計画を考えることは，園周辺の地域社会との間を取りもち，子どもたちの遊びを豊かにし，子どもたち自身が園の生活を楽しいものにでき，学びにつながるよい機会にもなる。これらの点から，地域の実態の把握は欠くことができず，重要である。

4）創意工夫を生かすこと

幼児の心身の発達，園の実態，地域の実態と分けて考えてきたが，保育実践の中ではすべてが生き生きとかかわり合い，実践が形成されていく。つまり，それらの理解をもととして，園児が園生活全体を通してどのような発達をするのか，どの時期にどのような生活が展開されるのかなど，発達の節目を探り，長期的な発達プロセスを見通すことが必要である。

小さな子どもが集団で生活するのだから安心・安全は大前提であるが，ときにはチャレンジすることも大切である。ただし，子どもは大人と同じスピードでは動けないし，判断もできない。トラブルやけがも頻繁に発生するので気をつけたい。子どもの成長に寄り添いながら，園の置かれた条件，地域の特性にも合わせて，バランスの取れた保育を計画していく必要がある。そこに求められるのが創意工夫である。前年の繰り返しではなく，その年ごとに少しずつ改善していく視点をもつ必要がある。

教育課程，全体的な計画の改善については，まさに各園における創意工夫が求められる。一般的な例として次のような手順が考えられる。

① 評価するための資料を集め，園での実践について振り返る

② 問題点を整理し，原因や背景を明らかにする

③ 改善案をつくり，実施していく

以上のことを考えながら，保育者同士が考えを出し合い，子どもたちの姿にていねいに寄り添いつつ，できる限り子どもたちの思いに応えられる工夫を行いたい。その工夫をもとにした，子どもたちの生き生きとした遊びや生活の展開が，育ちにつながるように計画していくことこそ，保育者の専門性であり，喜びでもある。

(5) 幼稚園，保育所，幼保連携型認定こども園のそれぞれの特徴を捉える

1) 教育課程に係る教育週数と教育時間

幼稚園の教育課程では，「教育週数」と「教育時間」が決められている。幼稚園教育要領には，教育週数は39週を下ってはならないと記されている。また，教育課程に係る教育時間は4時間を標準とするとしている。実際には，4時間は標準であって，朝9時前に登園時間が設定されていて，14時ころが降園時間となっている園が多い。そうなると，おおよそ5時間が，「教育課程」に係る教育時間になる。これも園ごとにある程度自由に設定できる。

保護者の意向を受けて，降園時間の後に預かり保育を行っている園も多い。預かり保育の時間は，教育課程に係る教育時間ではない。帰宅する子どももいれば，園に残る子どももいるし，毎日預かり保育を受ける子どももいれば，日によって受けたり受けなかったりする子どももいる。こうした状況下では，同じ園内のことであるにもかかわらず，子どもたちの人間関係が変わってしまったり，遊びに使うもの，作りかけのものを取っておいて，次の日に遊ぶということがスムーズにいかなくなったりすることなども考えられる。預かり保育の時間になったら遊びの環境を大きく変えるなどして，子どもが教育課程に係る教育時間の時とは気持ちを変化させることができるような工夫が必要になることも考えられる。

2）養護と教育を一体的に行うこと

保育所と幼保連携型認定こども園では，「養護と教育を一体的に行うこと」を念頭に置くことが，計画をつくる上での重要な視点として求められる。

保育所保育指針では，保育のねらいおよび内容について，「養護に関わるねらい及び内容」「教育に関わるねらい及び内容」が示されている。養護とは，子どもの生命の保持および情緒の安定を図るために，保育士等が行う援助やかかわりを指す。しかし，実際の保育場面では，養護的な側面と教育的な側面の両立が難しいことも少なくない。例えば，午睡の時間に1人だけ寝ずに騒がしく遊ぼうとする子がいると，保育者の人数に余裕があれば個別対応もできるが，そうでない場合は，静かにするよう注意するとか，職員室で事務仕事をする職員のそばにいることを指示するなどの対応をすることがある。午睡をとっている園児たちの養護的側面を守るための対応であり，職員配置などの実情から仕方がない場面もあるだろう。しかし，こうした対応は，遊びたい子どもの側からみると過度に教育的であるし，養護的な対応とは言い難いものである。養護と教育のバランスをとるためには，午睡時に一人遊びができる環境を整えるよう努力するなどの創意工夫が求められるだろう。

保育所における保育時間は，8時間を原則とするとされている。しかし，多くの保育所では，8時間以上が当たり前であり，1日の在園時間が12時間を超えるような場合もある。保護者の子育て支援の側面と子どもの健やかな成長を考え，その日，その時の子どもの姿から，養護的な配慮をていねいに行いつつ，育ちも保障するような全体的な計画の作成が求められている。

3）幼保連携型認定こども園における在籍期間，在園時間への配慮

幼保連携型認定こども園には，従来幼稚園を利用していた1号認定の子どもたちと，従来保育所を利用していた2号認定，3号認定の子どもたちが混在している。具体的には表3-2の通りである。

1号認定の子どもたちは幼稚園に通う子どもたちと同様に，3歳または4歳の4月に入園することが多い。一方，2号・3号認定の子どもたちは，保護者の就労など保育の必要性が生じた時，つまり，4月以外の時期に入園すること

表 3－2　認定こども園の園児の年齢・利用時間

園児の認定種別	対象年齢	保育時間
1号認定（教育標準時間認定）	満3歳以上	4時間（標準時間）＋（預かり保育）
2号認定（標準時間・短時間）	満3歳以上	8時間（標準時間）・短時間
3号認定（標準時間・短時間）	満3歳未満	8時間（標準時間）・短時間

が少なくない。また，2号・3号認定の子どもたちの1日の保育時間を考えると，1号認定の子どもたちの倍近い時間を園で生活することになる。このように幼保連携型認定こども園では，同じ園にいながら子どもにより在籍期間や保育時間が異なることが前提となる。

3歳までにすでに園の生活に慣れている子どもと，それまで家庭生活が長く，これから集団生活に入ろうとする子どもが，同じクラスで生活をすることになり，1日の生活の流れが違う子どもが混在するため，それぞれの生活リズムに配慮し，柔軟に対応できる保育の計画が必要となる。在園児と新入園児，すべての子どもにとって，乳幼児期に必要な体験ができるよう立案をすることが大切であるし，教育的な活動の時間と遊びの時間を柔軟に組み合わせられる工夫も求められる。

新入園児のたどるプロセスを大まかに考えると，①通園することや園そのもの，保育室の環境などに慣れる時期，②園での生活リズムに慣れる時期，③新入園児が自分の生活ができるようになる時期，④新入園児が自分から園生活に積極的に入っていく時期に区分できる。

クラス全体での課題としては，①と②は4月から5月の目標，③と④は6月から7月の目標などとしてもよいが，途中入園の子がクラス全体の流れから排除されず，①から④までのプロセスをスムーズに経験できるように配慮する必要がある。

コラム

幼保連携型認定こども園について

認定こども園とは，０歳から就学前までのすべての子どもを対象として，幼児教育と保育の提供を行う施設である。認定こども園には以下の４つの類型がある。

① **幼保連携型**：幼稚園と保育所の建物と付属設備が一体的に設置されており，両者が連携して一体的な運営を行うもの。

② **幼稚園型**：幼稚園が保育を必要とする子どもの保育も行うために，幼稚園と認可外保育施設が一体的に設置されており，両者が連携し，一体的な運営を行うもの。

③ **保育所型**：保育所が保育を必要とする子ども以外の子どもも保育することで，幼稚園的な機能を備えるもの。

④ **地方裁量型**：認可外保育施設が幼稚園的な機能と保育所的な機能を備えるもの。地域の実情に合わせて設置される。

認定こども園は，保護者が就労状況等にかかわらず幼児教育や保育の提供を受けたいという保護者のニーズや，幼稚園と保育所の機能の一体化を進めたいという施設や自治体のニーズなどを受けてつくられた施設である。

2006（平成18）年に「就学前の子どもに関する教育，保育等の総合的な提供の推進に関する法律案」が成立，同年施行され，本格実施された。また2012（平成24）年には，幼児期の学校教育・保育，地域の子どもの子育て支援を推進するために，「子ども・子育て支援法」「認定こども園法の一部改正」「子ども・子育て支援法及び認定こども園法の一部改正の施行に伴う関係法律の整備等に関する法律」の子ども・子育て関連３法が成立し，「子ども・子育て支援新制度」が始まった。幼保連携型認定こども園は，こうした法整備をもとに認可・指導監督が一本化され，学校と児童福祉施設の両方の性格をもつ施設として法的な位置づけを得たものである。

4.「教育課程」や「全体的な計画」と「指導計画」との関係

教育課程・全体的な計画と指導計画との関係について，ここで少し詳しく確認しておこう。幼稚園教育要領，保育所保育指針，幼保連携型認定こども園教育・保育要領から，教育課程，全体的な計画について記載されている箇所を以下に示す。

> 幼稚園教育は，幼児が自ら意欲をもって環境と関わることによりつくり出される具体的な活動を通して，その目標の達成を図るものである。
>
> 幼稚園においてはこのことを踏まえ，幼児期にふさわしい生活が展開され，適切な指導が行われるよう，それぞれの幼稚園の教育課程に基づき，調和のとれた組織的，発展的な指導計画を作成し，幼児の活動に沿った柔軟な指導を行わなければならない。　〈幼稚園教育要領第１章第４−１〉

> 保育所は，全体的な計画に基づき，具体的な保育が適切に展開されるよう，子どもの生活や発達を見通した長期的な指導計画と，それに関連しながら，より具体的な子どもの日々の生活に即した短期的な指導計画を作成しなければならない。　〈保育所保育指針第１章３（２）ア〉

> 各幼保連携型認定こども園においては，教育基本法（平成18年法律第120号），児童福祉法（昭和22年法律第164号）及び認定こども園法その他の法令並びにこの幼保連携型認定こども園教育・保育要領の示すところに従い，教育と保育を一体的に提供するため，創意工夫を生かし，園児の心身の発達と幼保連携型認定こども園，家庭及び地域の実態に即応した適切な教育及び保育の内容並びに子育ての支援等に関する全体的な計画を作成するものとする。
>
> 教育及び保育の内容並びに子育ての支援等に関する全体的な計画とは，教育と

> 保育を一体的に捉え，園児の入園から修了までの在園期間の全体にわたり，幼保連携型認定こども園の目標に向かってどのような過程をたどって教育及び保育を進めていくかを明らかにするものであり，子育ての支援と有機的に連携し，園児の園生活全体を捉え，作成する計画である。
>
> 〈幼保連携型認定こども園教育・保育要領第１章第２節１（１）〉

幼稚園教育要領では，「創意工夫を生かし，幼児の心身の発達と幼稚園及び地域の実態に即応した適切な教育課程を編成するもの」（第１章第３節「教育課程の役割と編成等」）とあり，保育所保育指針では，「各保育所の保育の方針や目標に基づき，子どもの発達過程を踏まえて，保育の内容が組織的・計画的に構成され，保育所の生活の全体を通して，総合的に展開されるよう，全体的な計画を作成しなければならない」（第１章３節「保育の計画及び評価」）とされている。

また，幼稚園教育要領や保育所保育指針では，３つの「育みたい資質・能力」が掲げられている。これらは小学校学習指導要領の，教育活動において目指される資質・能力との連続性を念頭においたものである。共通する言葉が使われており，小学校に入学する前後がゆるやかにつながることが示されている。

5．「教育課程」や「全体的な計画」に入れて園全体で共有しておきたいこと

教育課程や全体的な計画では，入園してから就学前までのその園の子どもたちの遊びや生活を通しての育ちを見通すことができるように編成・作成することが，必須の事柄である。そして，そのために，大きくは法令等の確認も必要であることや，子どもたちの育ちの見通しとして要領・指針等に明記されていることなどを，園全体で確認する必要があることを見てきた。その上で，園の特徴や地域の実態をふまえて，創意工夫をしていくことなどについても触れた。加えて，教育課程や全体的な計画は，日々の保育の中の小さな出来事や一人ひとりの子どもたちの思いの記録をとり，そこから振り返りをし，省察を深

める中で，常に子どもたちにとってよりよいものになるようにしていくこと，すなわち，カリキュラム・マネジメントが求められていることも述べてきた。

園全体で共有しつつ計画する必要があることがほかにもあれば，場合によっては，それも教育課程や全体的な計画の中の１つとして入れておくことができる。保育における計画は，大きな見通しをもつものも，極めて短期の見通しをもつものでも，すべてが園で育つ子どもたちにとってよりよい保育をするために作成されるのであって，形式を埋めるようなものであってはならないからである。

ここでは，指導計画として含まれる事柄のうち，園全体で共有しておくこと，また，入園から就学前までのすべての子どもの育ちにかかわっていると考えて教育課程，全体的な計画に入れることができるものをあげておこう。

（1）特別な配慮を必要とする子どもに対する計画

幼稚園，保育所，幼保連携型認定こども園では，特別な配慮を必要とする子どもがいることが多い。例えば障害のある子どもや，外国にルーツをもつ子どもなどである。

2011（平成23）年に改正された障害者基本法の第16条第１項では，教育について，以下のように記している。

> 国及び地方公共団体は，障害者が，その年齢及び能力に応じ，かつ，その特性を踏まえた十分な教育が受けられるようにするため，可能な限り障害者である児童及び生徒が障害者でない児童及び生徒と共に教育を受けられるよう配慮しつつ，教育の内容及び方法の改善及び充実を図る等必要な施策を講じなければならない。

この法律でいう障害者とは，「身体障害，知的障害又は精神障害があるため，継続的に日常生活又は社会生活に相当な制限を受ける者」であるが，精神障害には，ADHD や自閉症など発達障害や，様々な心身の機能の障害がある人を含むと広く捉えるべきだろう。障害のある子どももない子どもも同じ場所で同じように生活する，インクルーシブ保育の考え方が広がりを見せている。生活面での個別のニーズをもつ乳幼児に配慮をしながら，柔軟な対応ができるように，個別の支援計画と連携ができるよう教育課程，全体的な計画の編成・作成において意識する必要がある。

また，外国にルーツをもつ人が多く住む地域にある園では，言語や文化，習慣などの違いに配慮する必要があり，日常的なコミュニケーションにおいても様々な工夫が必要となる。また，宗教上の理由から，園の活動内容や行事へ参加などに対して，保護者から条件がつけられる場合がある。園が目指す保育の理念に立ち返り，保護者に適切に説明を行うとともに，文化や宗教が理由となる，園児の活動への参加の大きな制限が起こらないように検討する視点も必要である。例えば「クリスマス会」では参加できないという家庭がある場合，宗教色をなくして「年末年始を祝う会」としてほぼ同じ行事を行うといった工夫ができないかを検討するとよいだろう。

いずれの場合においても，特別な配慮を必要とする子ども本人を中心に考える計画であり，そうした配慮を必要とする子どもとともに育つ子どもたちへの援助やその経験から育てたいことなど，園のすべての子どもを視野に入れることが必要である。

(2) 食育について

厚生労働省の「楽しく食べる子どもに～保育所における食育に関する指針～」では，保育所における食育のねらいとして，次の５つの「目指すべき子ども像」を掲げている。

① お腹がすくリズムのもてる子ども
② 食べたいもの，好きなものが増える子ども
③ 一緒に食べたい人がいる子ども
④ 食事づくり，準備にかかわる子ども
⑤ 食べものを話題にする子ども

これらをもとに，食育の「ねらい」「内容」「実施計画」「配慮事項」を考える必要がある。

保育の場での食育は，子どもの発達段階を念頭に置いた上で，健全な食習慣や食の安全についての理解を促すこと，食に関する感謝の気持ちをもてるように気を配ること，食品の安全や健康な食生活に必要な栄養に関連する知識を身につけること，食事のマナーを知ることなどを，少しずつ盛り込むことが求められる。

また，保護者や保育関係者らの密接な連携のもとで，家庭，園，地域社会などの場で「子どもが楽しく食について学ぶこと」が自然に取り組まれるように進めていくことが大切である。保護者の参加する行事での食育活動や「食育だより」の発行なども意識向上に役立つだろう。

特別な配慮を必要とする子どもに対する計画と，食育の計画を取り上げて説明してきたが，これらは，教育課程の編成や，全体的な計画の作成にあたって，「この計画の中にこうした視点を入れる」「別途項目を立てて計画する」といったことにつながる。さらに，こうした視点は，この2つだけではなく，例えば，園庭や園内の自然や物的・人的環境についてそれぞれ考え，計画することもできるだろうし，安全にかかわる視点をまとめて計画することもできる。これらの例を参考に，ほかにも園全体で共有し，見通しをもって計画しておくべきことを，実践の中で考え工夫して計画に表せるようにしておきたい。

6. おわりに

幼稚園，保育所，幼保連携型認定こども園では，生活と遊びを中心として，小学校では，教科などの指導を中心として，子どもの育ちを導き，援助や教育を行っている。そして，小学校に入るまでと，入ってからの育ちや学びの方向性は，同じである。これは，小学校へ入学した子どもが，園における遊びや生活を通した学びと育ちを基盤として，主体的に自己を発揮し，新しい学校生活を創り出していくことが重視されるようになったためである。

しかし，小学校への接続期に向けて，いつ，何を，どのように組み立てていくのかについては，幼児の心身の発達や各地域の実情をふまえた上で，各園それぞれの独自の特徴があってよいとされている。つまり，今後，幼児教育・保育の現場では，幼稚園，保育所，幼保連携型認定こども園の保育と小学校の学びへの接続の視点がますます重要になっていく。

また，保護者や地域の人にも，開かれた教育課程，全体的な計画であることが，今の時代には求められている。幼稚園では教育課程の編成に際し，保育所や幼保連携型認定こども園では全体的な計画の作成に際し，各園の基本的な保育方針が，園児の家庭や地域に共有されるように努力しなければならない。各園の方針や計画が，保護者や地域の人々に分かりやすいものであること，卒園児が通うことになる小学校での教育との連続性なども求められている。

まとめの課題

1．グループワークとして，仮定として1つの園を想定し，園の目標をみなさんで考えてつくり，そこから，教育課程（幼稚園を想定した場合）を編成してみよう。あるいは，全体的な計画（保育所，幼保連携型認定こども園を想定した場合）を作成してみよう。

2．その場合に，本章で学んだことから，調べておくべきこと，ふまえるべきこと，また，地域の特性や園の規模など，想定しておく必要があることは何かを，みなさんで話し合ってまとめてみよう。

第4章 指導計画の作成

予習課題

1. 「幼稚園教育要領」「保育所保育指針」「幼保連携型認定こども園教育・保育要領」の中で保育の計画について書かれている部分がどこかを確認し，それぞれの内容を比較してみよう。
2. あなたが実習に行く園の保育目標はどのようなもので，それがどのように日々の保育に反映されているのかを考えてみよう。
3. 幼稚園・保育所・こども園のそれぞれの特徴を生かして指導計画を立てる際に，気をつけるべきことが何かを考えてみよう。

1. はじめに

保育者養成校の学生たちが実習に行く時，まず言うことが「指導案が書けない」ということである。現場で働く保育者の中にも，いい保育をしているのに「指導案を書くのが苦手」という人もいるだろうし，「書くのは上手になったが，ただ形式的に指導案を書くだけになっている」と悩む人もいるかもしれない。なぜ，このように保育の指導計画（指導案）を立てることは，保育する者を悩ませるのだろうか。また，指導計画を立てることは，保育の中でどのような意味をもっているのだろうか。

本章では，指導計画とはどういうもので，どのようにして立てるのかを，教育課程や全体的な計画，さらに実際の保育との関係も考えながら学んでいく。

2．指導計画は何のためにあるのか
―意味ある指導計画作成のために

（1）指導計画とは

「保育のための指導計画を立てる」というと，何か非常に堅苦しく，特別な書式に従って書かなければならない書類であるかのような印象を受ける。しかし，あなたが日常生活の中で何かをしようと思い立った時には，「何を」「どのように」やったら，目的が実現するのか，そのためには「何を用意する」のか，という一連の手続きを，自然に考えているのではないだろうか。指導計画も基本的にはその手続きを考えることと同じで，自分が，子どもたちのために（あるいは子どもたちと一緒に）何かをやろうとする上での覚え書きが指導計画であるともいえる。

（2）「幼稚園教育要領」「保育所保育指針」「幼保連携型認定こども園教育・保育要領」にはどのように書かれているか

幼稚園教育要領（以下，要領）では，第1章に，指導計画の作成について，「幼稚園においてはこのことを踏まえ，幼児期にふさわしい生活が展開され，適切な指導が行われるよう，それぞれの幼稚園の教育課程に基づき，調和のとれた組織的，発展的な指導計画を作成し，幼児の活動に沿った柔軟な指導を行わなければならない」（第4-1）とその考え方が示されている（下線筆者，以下同）。またその作成にあたっては，「幼児の発達に即して一人一人の幼児が幼児期にふさわしい生活を展開し，必要な体験を得られるようにする」（第4-2（1）），「幼児が望ましい方向に向かって自ら活動を展開していくことができるよう必要な援助をする」（第4-2（2）ウ）とあり，幼稚園における生活が，子どものありのままの生活とかけ離れたものにならないよう，また，子どもが自ら環境にかかわって必要な経験を得られるようにと述べられている。

保育所保育指針（以下，指針）においても，同じく第1章に「子ども一人一人の発達過程や状況を十分に踏まえる」（3（2）イ）とあり，3歳未満児，3歳以上児，異年齢保育など細かく配慮すべき点が書かれている。さらに1日の生活リズムや在園時間の違いについての記載もあり「長時間にわたる保育については，子どもの発達過程，生活のリズム及び心身の状態に十分配慮して，保育の内容や方法，職員の協力体制，家庭との連携などを指導計画に位置付けること」（3（2）カ）とあることから、幼稚園よりさらに細かな配慮が必要であることが分かる。

幼保連携型認定こども園教育・保育要領（以下，教育・保育要領）の第1章にはさらに，「在園時間が異なる多様な園児がいることを踏まえ，園児の生活が安定するよう，家庭や地域，幼保連携型認定こども園における生活の連続性を確保するとともに，一日の生活のリズムを整えるよう工夫をすること」（第3-3（2））との記載があり，園の性質上，保育所よりさらに多様な在園の仕方をする子どもが混在する保育であることへの必要な配慮が示されている。

また，3つの要領・指針いずれにも障害があったり外国籍であったりと特別な配慮が必要な子どもについての記載があり，現在の保育の場においては多様性に対応することも求められていることが分かる。このように，それぞれの施設の特徴からの違いはありながら，共通するのは「子どもにとって育つのに必要な経験」を子ども自らが得られるような保育を計画していく必要があるということであろう。

（3）指導計画の位置づけ

各園にある，「保育目標」は，その園が子どもを保育する上で大切だと考えている要点であり，園の保育観でもある。例えば，公立の園であれば市全体の教育目標，いくつもの施設をもつ法人が運営する園であれば，その法人の大切にしている精神を表した目標が，園の目標の前提にある。そしてそれらと要領，指針を軸にして教育課程・全体的な計画等がつくられている。

教育課程・全体的な計画等は，その園が，入園から卒園までどのような育ちを願っているかを表した骨子のようなものであるが，それらに肉づけをし，具体的な活動で表したものが指導計画である。指導計画には，長期の計画（期の案・月案・年間計画）と，短期の計画（日案・週案・週日案）があり，それぞれは関連し合って存在している。それらの関係を図で表すと以下のようになる。

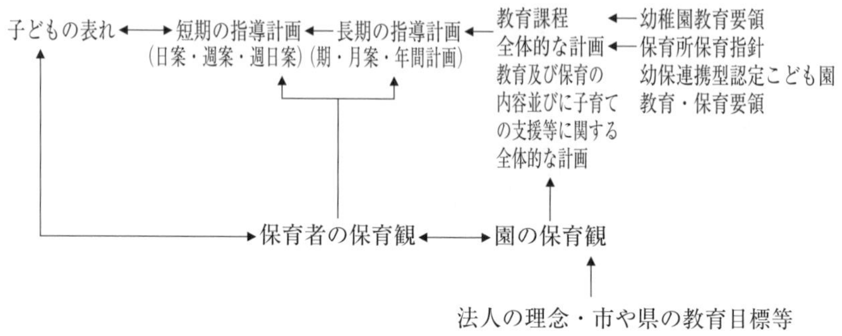

※ここでは主に影響を与える方向を→で示したが，実際には，双方向に影響を与え合うこともある。

小学校以上の学校教育の中では，日本のどこの学校でも共通に，何年生のどの時期にはここまで身につけさせる，という各教科における到達目標が，学習指導要領の中にはっきりと示されているが，幼稚園，保育所等の保育では，要領，指針，教育・保育要領の中に書かれている要点を，どのように具現化するかは各園に任されている。そのため，保育においては小学校・中学校以上に，実際の子どもをよく見て，その子たちの実態に合わせて計画を立てることが必要とされるのである。それは，乳幼児という成長が著しく，個人差が大きい時期の子どもを対象にした「保育」のもつ特徴であるといえよう。

そして，同じ計画であっても，ただ対象とする長さが違うだけではなく，「育てたい姿」をより意識し，そのために今はどう保育を組み立てるかといった視点から立てる長期の計画に比べて，短期の計画のほうが，より目の前の子どもに即して立てるという違いがある。保育を山登りにたとえるのなら，山全体の様子を捉え，山頂を目指し登ることが「長期の計画を立てること」であり，足元の草花を楽しみつつ，石に足を取られないよう気をつけて歩を進めることが「短期の計画を立てること」である。実際の保育の中では，常に両方を見ながら進むことは難しいため，長期の計画については，山道の所々でルートを確認するように，１年に一度，１か月に一度など定期的に振り返る機会をもつようにしている。

3．指導計画の実際

（1）長期の指導計画

それでは，実際に立てる長期の指導計画とはどのようなもので，どのようにして立てられているのだろうか。

1）年間指導計画

①　計画の立て方

年間指導計画は，各年齢の子どもに１年間に経験してほしいことが記されたものである。すべての年齢の計画を一覧に書き表すこともあり，その場合は共にいる生活の中で織りなされる１年間の流れがより見えるものとなる。各園では，新年度の始まる前あるいは年度当初に，その年度の年間指導計画を作成するが，その作成にかかわるのは，職員全員である場合もあれば，各年齢の担当者全員である場合もある。また園長・主任を中心としたメンバーで立てることもあり，園の考え方や規模によっても違っている。計画の立て方について次の２つの例を見てみよう。

> Ａ園では，年度初めに代々使われてきた年間指導計画が配られ，それに沿って各年齢の保育を組み立てていく。年間指導計画は，大変ていねいにつくられており，１年間で育てる植物や，歌う歌，各行事で何歳が，どのような活動をしたらいいのかまでも細かく決められている。何年もかかって使われてきたものなので間違いはなく，失敗することはあまりない。

B園では，年度初めに全員で集まって年間指導計画を立てる。昨年の年間指導計画をもとに「今年は，この行事をやるか，やらないか」「○歳児はどうするか」と1つひとつ検討していく。検討する中で，昨年度の行事の際のエピソードなどが語られていく。中には「今は決めずに，子どもの様子を見て考える」となるものもある。1年間の流れを考えるのに，1日がかりとなる。

A，B両園とも1年間の“地図”をつくることは同じだが，ずいぶん様子が違う。A園のような園では，「保育の計画はそれほど毎年変えるものではない」という考えから，大筋の案は変えずに使っている。だからこそ大きな失敗はないのだろうが，あまり細かな部分まで決められていると，保育者の工夫の入る余地がなくなり，決まっていることをこなすだけの保育になってしまいがちである。倉橋惣三は，そのような保育を「あてがいぶち保育」と批判している。これでは見た目は整っていても，子どもは育たない。一方，B園のような園では，「保育は，子どもの様子を見て，みんなで考えることが大切だ」という考えをもっている。このような進め方ができることは理想的だが，自分の意見を言うことで満足し，楽しく話し合って終わってしまう危険性もまたはらんでいる。ここでは話し合いの際に「子どもに何を育てたいか」「そのためにどのような1年を計画するか」という目指すところをしっかり見据えてコーディネートする人の役割が重要になる。このように，年間指導計画の立て方1つにも，その園がどのように保育を進めていこうとしているのかが表れてくる。

②　行事の取り入れ方

年間指導計画を立てる上で，日常の保育の中に行事をどのように取り入れていくかということは，大切なポイントである。子どもの生活から生まれてくる日々の遊びの中に，大人が企画する行事を入れることで，新しい遊びのきっかけが生まれたり，伝統的な文化に触れられたり，また，異年齢児とのかかわりが生まれたりと，その恩恵は大きい。しかし，行事が子どもにとって意味あるものとなるためには，どのような行事を，どのような形で取り入れていけばいいかを精選することが重要である。あくまでも基本となるのは，日常の生活なので，子どもの遊びを中心にした生活が脅かされるほどたくさんの行事を取り入れてしまっては，むしろ行事の意味が失われてしまう。しかし実際は，行事で育つ面があるからという理由から，あれもこれも取り入れてしまいがちな園も多く見受けられる。しかも，一度始めた行事は，保護者がかかわるものなどもあってなかなかやめることができない上，少子化の現在，ただでさえ園は地域から期待され，依頼される行事も増えてきている。しかし「行事先にありき」ではただ忙しくやらせる保育になってしまう。今こそ，行事について再考が求められている時ではないだろうか。

次にあげるのは，行事の見直しを行った例である。

事例 4-1　C幼稚園の行事見直し

C幼稚園は住宅地にあるため，園庭が小さいという悩みがあった。そのため，毎月1回「園外保育」という形で，やや離れた様々な公園まで歩いていくようにしていた。しかし，入園したばかりで歩き慣れていない3歳児たちにとっては，緑豊かとはいえ，離れた場所の公園まで歩いていくことは容易ではなく，いつの間にか歩くこと自体が目的になってしまっていたし，4歳児，5歳児にとってみても，行事の合間をぬって毎月遠出をすることは，楽なことではなかった。保育者にとっても毎回違う候補地を考えて，下見をすることは忙しく大変でもあった。保育者たちは，この状況に疑問を感じ，「何のために園外保育をやるのか」「毎月必要か」「いつも違う場所でなくてはならないか」などについて検討し，年間指導計画の大幅見直しをしたのである。

この園は，見直した後に，園外保育を大きな行事のない月にのみ設定し，同じ目的地に季節を変えて再び行ったり，他の年齢の子どもと合同で行ったりと，形にとらわれないものに変えていったため，子どものみならず保育者もが気持ちにゆとりができ園外保育を楽しめるようになったということだ。

この例からも分かるように，長期の指導計画は，ともすると，そこに表されていることは不変のものであるように受け止め，「この計画を実行するためには，どのような段取りでやったらいいか」と考えてしまいがちになるが，たとえ年間指導計画であっても，実際に月日が進んでいくうちに，変更したほうが子どもたちにとってよい場合も出てくる可能性がある。例えば，気候が予想以上に暑かったり，寒かったりした場合，プール開きやプール納めが設定してあっても，その状態に応じて変更できるようでありたいものである。“地図”が細かすぎると，正しく進んでいるか確認することに追われて，窮屈になりやすい。ゆとりをもった指導計画であると，保育者が実際の子どもの姿に応じて変更することが可能になる。

2）期の指導計画・月間指導計画

年間指導計画から期の指導計画・月間指導計画になると，より具体的な，各年齢の色合いがよく出た計画になってくる。期の指導計画（「期の計画」という表現も広く用いられている）とは，教育課程等の中にある，1か月よりも長い成長の節目の単位「期」について立てた計画である。期の指導計画も，月間指導計画も，年間指導計画に比べれば，指導計画を立てる前の子どもの様子を反映している。

表4－1は，ある保育所の0歳児の月間指導計画である。0歳児であるため個別に書く形式となっているが，上段では養護と教育それぞれについて，「先月の保育の評価」「立案時の子どもの姿」をもとに「保育のねらい」を立てて，それに対する保育内容と保育者の配慮が書かれており，教育の部分はさらに「環境設定」についても具体的に書く欄がある。下段には，「運動あそび」「音楽・言葉あそび」「絵画・造形あそび」「室内あそび（操作・構成あそび等）」などより具体的な遊びについて記述する欄もあり，子どもの姿—ねらい—配慮がどのように関連しているのかが一覧できる。また，その指導計画については個々の子どもについて表4－2のような形で評価され，どのように養護と教育にかかわるのか振り返りの中で意識的できるようになっている。個人差が大きい年齢の子どもを長時間預かる保育所らしい形式となっている。

（2）短期の指導計画

目的地に到達する道を概観する“地図”が長期の指導計画であるならば，短期の指導計画は，さながら現在の天候や地形，体調を考慮した上で今はどこまでどう進むかを書いた“メモ”だということができよう。短期の指導計画としては，週案，日案，それらを組み合わせた週日案などがある。長期，短期と長さだけを見て，短期の指導計画は長期の指導計画を分割したものだと考えてはならない。以下に，それぞれの計画の特徴を見ていきたい。

1）日　案

①　日案とは

日案は，登園から降園までの１日の保育の計画を表したものであり，計画という意味では長期の指導計画と同じなのだが，立て方はまったく違う。長期の指導計画は，この１年，１か月に教育課程等にある何年間かの育ちの中でのどこまでをどのように育てるのか，という俯瞰的な視点をもって立てるが，日案は，むしろそういう到達点をいったん忘れ，今日の子どもの姿をしっかり見つめることから明日の活動を予測する，連続性を重視したものだからである。指導計画はすべて，子どもの実態から離れて立てられてはならないものであるが，ことに日案は，自分の保育や子どもの姿を振り返ることなしにはつくることができない。日案が生まれるのは，倉橋惣三の『育ての心』の中にあるように「子どもらが帰った後」，まさにその時なのである。

②　日案の立て方

・子どもの姿（子どもの実態）をつかむ

今日の保育での，子どもの表れを振り返って，「やっぱりそうだったか」という姿や，「思いがけずこんなことをした」という姿を思い返してみる。そして，日誌に書き表してみると，書きながらあなたは「では明日もやってみよう」「こうしてみたらどうだろう」「これにはどう対処したらいいのか」と，すでに考えているのではないだろうか。実はそれが，これから書こうとしている「日案」そのものなのである。

・ねらい（願い）をもつ

今日の保育を振り返った上で，明日はどうしたいかという思いをもつことが次の保育の「ねらい（願い）」になる。そして，明日の保育のねらい（願い）の

表4－1　0歳児　焼津市A保育園ぴよぴよぐみ　月間保育計画案（月案）　9月

担任A	担任B	担任C	園長	主任	副主任	副主任

（編者注：「指導計画」を「保育計画」と呼称する園もある）

【受付日】 8月31日

今期のねらい	生活やあそびの中で，なんでもやってみながら五感を豊かに育てる	保護者支援	感染症などの情報をわかりやすく伝えながら予防接種の状況などを聞き取り，健康について連携していく

	保育のねらい	先月の保育の評価	立案時の子どもの姿	内容	保育者の配慮
養護	＜生命の保持＞ ・一人一人の子どもが，快適に生活できるようにする ・一人一人の子どもが，健康で安全に生活できるようにする ・一人一人の子どもの生理的欲求が，十分満たされるようにする ・一人一人の子どもの健康増進が，積極的に図られるようにする	・その日の気候に合わせ，室内，戸外で過ごす時間を配分し，子どもの体調に合わせ保育を行った。 ・睡眠時はSIDSのチェックを欠かさず，横向き又はあお向けで寝られるように調整をしている。	・生活の流れに見通しをもち，オムツ替えの際，自ら保育士の所へ向かったり，室内に入ろうとする等，主体的に生活している。 ・泣いて起きてくることもあるが，保育士が側に行くと安心して入眠している。	・一人一人の子どもの平常の健康状態や発育及び発達状態を的確に把握し，異常を感じる場合は，速やかに適切に対応する ・家庭との連携を密にし，嘱託医等との連携を図りながら，子どもの疾病や事故防止に関する認識を深め，保健的で安全な保育環境の維持及び向上に努める ・清潔で安全な環境を整え，適切な援助や応答的なかかわりを通して子どもの生理的欲求を満たしていく。また，家庭と協力しながら，子どもの発達過程等に応じた適切な生活のリズムが作られていくようにする ・子どもの発達過程等に応じて，適度な運動と休息を取ることができるようにする。また，食事，排泄，衣類の着脱，身の周りを清潔にすることなどについて，子どもが意欲的に生活できるよう適切に援助する	・活発に安全に過ごせるように丁寧に関わる ・気温の変化に対応できるように保護者と連携し，健康状態の把握に努める ・気温の変化に応じて室温や衣服，寝具の調節をする
	＜情緒の安定＞ ・一人一人の子どもが，安定感をもって過ごせるようにする ・一人一人の子どもが，自分の気持ちを安心してあらわすことができるようにする ・一人一人の子どもが，周囲から主体として受け止められ，主体として育ち，自分を肯定する気持ちが育まれていくようにする ・一人一人の子どもがくつろいで共に過ごし，心身の疲れが癒されるようにする	・子どもが求めてくれた時に応えられるよう側で関わり，一対一で過ごせる時間をつくるように心がけた。	・保育士を求め，自ら膝に入る。不安な時には担任の側に向かっていき，声を掛けたり体に触れられると，安心して過ごしている。	・一人一人の子どもの置かれている状態や発達過程などを的確に把握し，子どもの欲求を適切に満たしながら，応答的な触れ合いや言葉がけを行う ・一人一人の子どもの気持ちを受容し，共感しながら，子どもとの継続的な信頼関係を築いていく ・保育士等との信頼関係を基盤に，一人一人の子どもが主体的に活動し，自発性や探索意欲などを高めるとともに，自分への自信を持つことができるよう成長の過程を見守り，適切に働きかける ・一人一人の子どもの生活リズム，発達過程，保育時間などに応じて，活動内容のバランスや調和を図りながら，適切な食事や休息がとれるようにする	・保育者との信頼関係がより深まり，よりどころにしながら安心して過ごせるようにする ・わらべうたでふれあって遊ぶことを通して心地よい関わりができるようにする

	保育のねらい	先月の保育の評価	立案時の子どもの姿	今月の保育の内容	環境設定	保育者の配慮
教育	＜健やかにのびのびと育つ＞ ・身体感覚が育ち，快適な環境に心地よさを感じる ・のびのびと体を動かし，はう，歩くなどの運動をしようとする ・食事，睡眠等の生活のリズムの感覚が芽生える ＜身近な人と気持ちが通じ合う＞ ・安心できる関係のもとで，身近な人と共に過ごす喜びを感じる ・体の動きや表情，発声等により，保育士等と気持ちを通わせようとする ・身近な人と親しみ，かかわりを深め，愛情や信頼感が芽生える	・四つ這い・つかまり立ち・歩行等，子どもの動きから次の発達を予想し，適切な援助，環境づくりができるよう心がけた。 ・水あそびでは，苦手な子がいることにも配慮し，存分に水に触れられるスペースと，マットの上で少しずつ水に触れられるスペースを用意し，一人ひとりの思いに合わせ，設定を行った。 ・子ども同士で笑い合ったり触れ合ったりする等を側で見守りながら，思いを代弁していくことで互いに心地よく過ごせるよう配慮した。	・太鼓橋やすべり台，保育士の体を掴み，つかまり立ちをしている。時にはバランスをとりながら，一人立ちをしようとする。 ・カップやスプーンを使い水の移しあそびをしている。顔に水がかかるのが苦手な子が多い。自らたらいの中に入る子，シャワーに触れようとする子がいる。 ・互いの体に触れようとしたり，同じ玩具を使おうとしたりする。保育士に加減を伝えてもらいながら，友だちと横並びに遊んだり，一緒に遊ぼうとしている。	探索活動を十分に経験し，平衡感覚を身につけていく	重心移動や空間認知を体感できる場を工夫しながら，一人ひとりに合わせた安全な環境を整える	安全な環境を楽しめるように一人一人の状態の把握と見守りを怠らず，その上でむやみな制止をしないように配慮する
				安心できる保育者の仲立ちのもとで他の子とのかかわりを広げる	他の子の姿を見て喜ぶことも大切にし，必要に応じた仲立ちを行う	代弁しながら，他者の存在を意識できるようにしていく
				気に入ったあそびをみつけて自らかかわろうとする	働きかけて遊ぶ様子から，室内外の環境構成をその都度見直して整える	意欲をもってあそびに向かえるように常に保育を見直していく 成長段階に合わせた玩具を用意する
				発語やしぐさ，指さしと意味が一致するようになり，思いを伝えようとする表現が豊かになってくる	思いの伝わる喜びを感じられようにことばを添える	指さしに応じて三項関係が成り立つようにし，愛着関係を更に育んでいく
				わらべうたや音楽に親しみ，拍子に合わせて体をゆらして楽しむ	玩具だけでなく，音を感じられる環境を用意する	楽しさや気付きに共感することばをかけていく

＜身近なものと関わり感性が育つ＞ ・身の回りのものに親しみ，様々なものに興味や関心を持つ ・見る，触れる，探索するなど，身近な環境に自分から関わろうとする ・身体の諸感覚による認識が豊かになり，表情や手足，体の動き等で表現する					
食育	保育士の位置や子どもの座らせ方等，常に保育士間で伝え合い，より良い方法を模索している。	いつもの保育士，いつもの場所で安心して食事をしている。数名スプーンを持とうとする子がいる。	自分で食べようという意欲が高まる	食事に集中できる設定をする	食べたい気持ちを大切にしながら丁寧な援助をする

保育内容展開計画

	先月の子どもの評価	具体的なあそびの種類・おもちゃ・道具等		配慮事項
運動あそび	つかまり立ちをするようになり，太鼓橋やピンクのサークル，すべり台の手すり等で立ち上がる。高這いですべり台の坂道を登り降りしたり，階段から登り，あそんでいる。	〈室内〉 ・寝返り ・ずりばい ・よつばい ・つかまり立ち ・押し歩き ・伝い歩き ・おすわり	〈戸外〉 ・マット ・遊具 這い上がり 伝い歩き つかまり立ち	・一人一人の発達に合わせ，手足や指の力などを使って遊べるようにする ・探索を楽しみながら，体を使ったあそびができるようにする ・保育士は発達理解の専門性を高めて発揮する
言葉あそび 音楽あそび	一対一のわらべうたを求め，保育士の膝に座り，「おっとっとー」とことばでやりたいことを伝えてくれたり，体を弾ませて，表現している。少しずつ，単語とそれを表す物が一致してきている。	・わらべうた うちのせんだんのき しったらしったら おらうちの　　等 ・季節のうた とんぼのめがね しゃぼんだま	・リズム，音 おもちゃのチャチャチャ バスごっこ とんでったバナナ ）ボトルマラカス　おもちゃの太鼓　等 ・絵本 こんにちは　どうぶつたち いろいろおせわになりました	・返事あそびなどで他の子の存在を知ったり，やり取りしながら遊んだりできるようにする ・繰り返しのフレーズを楽しめる絵本を用意する
造形あそび 絵画あそび	素描画を描くようになった。鉛筆の持ち方が難しいようで，細い線で時々紙にスッと線になっている。“色がついた”“線になった”感覚を楽しんでいる。	〈絵画〉 ・絵の具（２～３色・週１回） ・素描画（鉛筆・月１回） 〈素材〉 布・保冷ジェル，綿	〈戸外・自然〉 水・砂・葉っぱ・石	・あそびの姿を見守りながら，描いたり素材に触れたりする面白さを味わえるようにする
室内あそび（操作・構成あそび等）	お手玉を使った移しあそびを用意すると，スプーンですくおうとしたり，手でスプーンに乗せ，移し変えている。四つ這いができる子は，ボールや転がしあそびを追いかけ，手足の力をつけている。	〈握る〉 ・ドリオ　・リングリィリング　・がらがら 〈協応（おとしあそび・つみきなど）〉 ・チェーン　・ホース　・チェーンリング ・お手玉　・ぽんぽん　・つみき 〈転がす〉 ・ボール	〈感触〉 ・布　・感触マット　・はがため　・ぬいぐるみ 〈その他〉 ・玉転がし　・王さまの宝箱　・ドラム玉落とし ・トレインカースロープ　・カップ ・ボトルマラカス　・ばけつ玉落とし　・アクティビティリング　など	・興味や意欲をもって向かえるあそびや，安心して繰り返し集中できるものなど，子どもの姿をよく観察しながら玩具の用意をしていく

＜自己評価の視点＞　・子どもの思いと保育者の意図の兼ね合いのバランスをとりながら，丁寧な関わりをできたか
・あそびや玩具に変化をつけて，主体性を引き出せるような配慮をできたか

【受付日】　月　日【園長印】

担任の評価	㊞	㊞	㊞

表4-2　A保育園　アセスメントシート（経過記録）

氏名　○　○　○　○

養護
【生命の保持】

記録日 歳児（月齢）	子どもの姿	保護者・子どもの意向 （思い・ニーズ・願い）	保育士の視点　（印）
令和○年 5月10日 0歳9か月	登園時は泣いてしまうこともあるが，午前寝を済ませるとスッキリし，機嫌よく過ごす姿を見せている。	保）お迎えの時に楽しそうに遊ぶ姿を見ると，安心	安心して過ごせるようかかわりを大事にし信頼関係を築いていく。生活リズムを整えることで1日の流れがスムーズにいくようにしたい。（佐藤）
	ドアの開閉の音に敏感でその度に不安な表情を見せて泣いてしまうことがある。	子）お迎えを期待してしまう‥	本児が不安になってしまう瞬間を無くしていけるよう，行動の前には「～するから待っててね」等，安心できる声がけを心がけていく。（佐藤）
	テーブルや棚を支えにつかまり立ちをし，左右に移動することを楽しんでいる。しかしハイハイで進むことはまだ出来ない姿がある。	保）ハイハイができないことが心配。このまま歩行になってしまうのだろうか…	つかまり立ちでの移動を楽しむ姿を見守りつつ，あそびの中でうつ伏せの体勢になる機会を設け援助をしていく。（佐藤）
	食事は中期食で給食を提供している。口はよく動くが飲み込むのが早い。好き嫌いなく完食している。	子）食べることが好き 保）家でも噛まずに飲みこんでしまいやすい。よく噛むように声がけをしていきたい。	おいしさを感じながら「モグモグ」「カミカミ」といった言葉がけでよく噛むことを働きかけていく。（佐藤）
	中庭のすべり台を下から上へと手足の力を使って登ることができる。怖いもの知らずで頭から滑ってしまうこともある。	保）意欲的なことは良いがもう少し慎重さも持っていってほしい。	探索活動が広がってきている。本児がのびのびと楽しむ姿を見守りながらもけがには十分に気をつけ正しい遊び方を伝えていく。（佐藤）
	発熱を繰り返し度々欠席をした。咳をこじらせ5月上旬には肺炎で1週間程欠席をした。		無理せず本児の体調に合わせて登園してくれていた。園での日中の姿や気になる点はその都度保護者に伝え早期対応できるようにする。（佐藤）
	中庭で葉っぱを見つけると手で触れて感触をたしかめたりじっと見つめ興味を示している。	子）自然に触れたい。	様々な自然に触れていくなかで触感や匂い，視覚等で楽しんでいけるようにしたい。（佐藤）
令和○年 6月3日 0歳10か月	曇りや雨などの天候の日にゼエゼエとした咳が出やすい。母親も心配し登園を見合わせている。	保）調子が悪い時には長引かないように家でゆっくりしたい。	天候によりぜんそくのような症状がでやすいとのこと。日中の様子を把握し，家庭にも伝えていくようにする。（佐藤）

教育
【健康】 ・明るく伸び伸びと行動し，充実感を味わう。 ・自分の体を十分に動かし，進んで運動しようとする。 ・健康，安全な生活に必要な習慣や態度を身につける。
【人間関係】 ・生活を楽しみ，自分の力で行動することの充実感を味わう。 ・身近な人と親しみ，関わりを深め，愛情や信頼感を持つ。 ・社会生活における望ましい習慣や態度を身につける。
【環境】 ・身近な環境に親しみ，自然と触れ合う中で様々な事象に興味や関心を持つ。 ・身近な環境に自分から関わり，発見を楽しんだり，考えたりし，それを生活に取り入れようとする。 ・身近な物事を見たり，考えたり，扱ったりする中で物の性質や数量，文字などに対する感覚を豊かにする。

【情緒の安定】

	休み明けでも登園時には泣くことなく受け入れができている。安心して室内で遊ぶ姿が見られる。	保）泣かずに登園してくれることがうれしい。	安心して過ごしてくれていることをうれしく思う。特に受け入れ時は気持ちよく入室できるような対応を心がけていく。(佐藤)
	ホースやお手玉を使った落としあそびでは，しっかりとつまんで持ち，自分で穴に入れることができる。	子）できることがうれしい。	口にくわえていることが多かったが遊びへと興味がわいてきている。本児に見合った玩具を提供していきながら楽しさを味わえるようにしたい。(佐藤)
	園庭に出た時に他クラスの児に声をかけられると人見知りで不安そうな表情を見せている。		園庭に出て過ごす時間を設けていくことで，他クラスの子とのかかわりがもてるようにしていく。仲立ちしていくことにより安心感が得られるようにする。(佐藤)
	つかまり立ちから手を離して立つことができるようになった。座った状態からも立てるようになり少しずつ安定してきている。	保）家庭でも同じような姿が見られ成長がうれしい。	できるようになった喜びを本児や保護者と共有したい。動きが活発になっているため，けがかないよう注意して見守る。(佐藤)
	オムツ替えを嫌がることなく受け入れている。自分の順番がくると自らオムツ替えコーナーに来てくれることも増えている。	子）清潔になることが気持ちいい。	「○○しようね」と事前の声がけを心がけ，応えてくれた時には「ありがとう」と伝え喜びを味わえるようにする。(佐藤)
令和○年 7月4日 0歳11か月	6月下旬に手足口病になる。その後看部がとびひとなり症状が治まるまで欠席をした。		感染症等，その時期に流行しやすい症状には気にかけて体調を見ていくようにする。症状について家庭にも伝えていく。(佐藤)
	熱が37度台後半になる日が続いた。機嫌や様子を見ながら登園したがぶり返すことが多く，欠席が多い月となった。	保）一度入院をしているので無理をせず過ごせるようにしたい。	検温をこまめにしながら機嫌等もみていき，本児が無理なく過ごせるよう配慮していく。(佐藤)

【言葉】
- 自分の気持ちを言葉で表現する楽しさを味わう。
- 人の言葉や話などをよく聞き，自分の経験したことや考えたことを話し，伝えあう喜びを味わう。
- 日常生活に必要な言葉がわかるようになるとともに，絵本や物語などに親しみ，保育士等や友だちと心を通わせる。

【表現】
- いろいろなものの美しさなどに対する豊かな表現を持つ。
- 感じたことや考えたことを自分なりに表現して楽しむ。
- 生活の中でイメージを豊かにし，さまざまな表現を楽しむ。

土台には，保育者のもつ，一人ひとりの育ちに対する長期的な見通しがある。

「ねらい（願い）」と書くのは，「ねらい」という言葉に，指導性が強い印象があり，乳幼児を対象にした保育では「願い」のほうがふさわしいのではないかという考え方に基づいている。要領や指針には「ねらい」となっているが，園によってはあえて「願い」と表記することによって，乳幼児が主体であるということを意識して指導計画をつくるようにしている園もある。

・予想される子どもの活動

前の日の姿から予想される子どもの活動を書く。「今日，あんなに盛り上がっていた○○ごっこだから，明日も続くだろう」というように，まさに今日の活動から予想されることもあるだろうし，「明日は，10時からお誕生会がある」などと，行事などとの関係から予想されることもあるだろう。この時に十分気をつけたいのは，「何の活動をさせたいか」ではなく「子どもはどう活動するか」を書くのだという点である。ともすると，保育者は，子どもを育てなくてはと思うあまり，育てるためには何らかの意味ある活動をさせなくては，と考えてしまいがちである。そうなると，子どもが飽きないように，毎日違う活動を計画しなくてはならないと「活動」中心の保育に陥ってしまい，活動探しに明け暮れることになってしまう。これでは本末転倒であって，大人の考える「意味ある活動」を子どもに押しつけていることに他ならない。子どもが何を楽しんでいるか，その中で何が育っているかを十分に見て，考えた上で，子どもの活動を予想していくことが求められるのである。子どもから生まれる活動を物足りなく感じ，子どもに何かをさせたくなってしまったら，「幼児の自発的な活動としての遊びは，心身の調和のとれた発達の基礎を培う重要な学習であることを考慮して，遊びを通しての指導を中心として（中略）ねらいが総合的に達成されるようにすること」（幼稚園教育要領第１章総則　第１「幼稚園教育の基本」２），「子どもが自発的・意欲的に関われるような環境を構成し，子どもの主体的な活動や子ども相互の関わりを大切にすること。特に，乳幼児期にふさわしい体験が得られるように，生活や遊びを通して総合的に保育すること」（保育所保育指針第１章総則　１「保育所保育に関する基本原則」（３）保育の方法ォ）という言葉を今一度，十分にかみしめたいものである。

・環境の構成と保育者の援助

現在の要領，指針，教育・保育要領には，保育は環境を通して行うものであると明記されている。ねらい（願い）に基づいて，活動を予想したら，それを実現するため，保育者には，願いを内在させた環境を構成することと，子どもの活動に応じて援助していくことが求められる。それらについて書くことで，子どもの活動に何を願い，どのような動きが生まれたら，どのように応じていくかという自分の見通し（保育構想）が具体性をもち，はっきり見えてくる。

書式によって様々な違いはあるが，基本的には以上のような手順により日案はつくられていく。次に日案の実例を見てみよう。

日案1（表4-3）は，公開保育のために作成された2年保育4歳児のものである。以前は，資料も指導計画もなるべく詳しくかつ多く書くことが求められていたが，現在では，研究会の日案であってもA4判1枚にまとめる，というようにスリム化することが一般的になってきた。環境構成がこの中に盛り込めない場合は，他に「環境図」として添えることもある。

日案1は，一斉保育を行わない形態の保育所の例であるので，時系列に沿って書くこのような形式では書きにくい点もある。これを別の形式で書き直したものが日案2（表4-4）である。

どちらも同じ1日を描いたものだが，書き表し方が違うことで，伝わり方に違いがあることが分かるだろうか。日案1では，1日の流れの中での出来事と出来事のつながりがよく見える。例えば，引っ込み思案な傾向があるだろうJ子に対し，担任は，朝から意識してかかわり，絵を描くコーナーでの出会いを大切にしたいと考えているようである。また，遊びの場面のK男の泥団子を，できれば帰りのひとときで紹介したいと考えていることも分かる。一方，保育の中心である遊びの時間の指導計画については，日案2のほうが分かりやすい。こちらの形式では，同じ時間帯に起こるであろう様々な遊びが書かれており，それぞれに対して，どのような援助を考えているのかが，一目瞭然である。また，昨日の子どもの姿がエピソードを用いて書かれているため，今日に

表４-３　日案１

４歳児○○組　保育指導案　　男児15名　女児12名　計27名　保育者○○○○

１．期日　　令和○○年11月１日（水）
２．ねらい　　友だちとかかわる中で，いろいろな思いを味わう。
　内容　　友だちと好きな遊びに取り組む中で喜びや悲しみなど多様な感情を味わう。
３．子どもの姿
・笑う，泣く，怒るなど，自分の気持ちをストレートに出せる子が多い。
・本音が出せるようになってきたため，意見がぶつかることが増えてきた。
・中には人とかかわることに慣れていず，トラブルに出会うと，自分の思いを出せずただただ困ってしまう子もいる。
・虫を探すなら○くん，△ごっこをするなら△ちゃんというように，得意な遊び，好きな遊びがはっきりしてきた。
・年少児なりに，自分たちでやりとりして遊びをつくろうとする姿も見られる。
４・保育構想
・生活を自分たちで考えてつくる体験を増やすために，子どもの思いをできるだけ実現していく。
・すぐに保育者が介入したり教えたりしすぎず，自分なりに踏み出すのを待つ。
・つらい思いをしている時も，その子を育てる大切な機会と捉え，支えつつ見守る。
５．具体的な手立て
・１日の始めには，遊びを生み出す手助けをし，人と人をつなげるような声かけをしていく。
・新しい遊びのアイデアが生まれてきたら，保育者も一緒に楽しみながら仲間に加わって遊ぶ。
・子どもが困ったり迷ったりする場面では，なるべく自分で解決させるように見守る。

つながる子どもの姿が，具体的に浮かんでくるようだ。保育者は，昨日の続きとしてこのような遊びが展開されるだろうことを，場面場面を頭に思い浮かべながら，それぞれの遊びにかかわっていくのだろうということが，この日案から伝わってくる。

②　日案の表すもの

実は，この２つの日案例は，保育を違う面から見ているだけで，このどちらの見方も保育者はもっている。つまり保育者は，日案１から読み取れるよう

6．展開案

時間	環境構成　予想される子どもの表れ　△保育者の援助
8：40	登園　朝の支度をしながら，友だちと何をしようか相談し合う △あいさつをしたり，おしゃべりをしたりしながら一人ひとりの今日の調子を知る。J子はどのような様子だろうか。
9：15	やりたいことを見つけて遊ぶ 仮面ライダーごっこ　2階の積木があいているかどうかを見に行くところからスタート。A男も参加するだろう。 △場所がなければ他の場所を提案してみる。 病院ごっこ・本屋さんごっこ・お城ごっこ　B子が中心になって始める様々なごっこ遊び。C子，D子と一緒に。だれが今日はお客になるだろうか。(保育室，廊下，テラスと様々) おばけごっこ　E子，F子，G子が中心になって。(布や段ボール等材料を用意) かくれんぼ　H男，I男が始めるだろう。地図づくりから始まることもある。(製作コーナー) △これらは中心になるメンバーは同じだが，その時どきに参加する子が変わる。出会いのきっかけにしたい。 絵を描いたりつくったり　友だちとおしゃべりしながら交流や情報交換の場にもなっている。 △J子はここになら参加できる。落ち着いて，邪魔されずにいられる雰囲気をつくりたい。保育者も参加して。 虫探し　何人かで連れだって出かける。交流の場にもなっている。 虫が苦手なQ子にも参加できるチャンスがあったら生かしたい。(虫かご，捕虫網　なかったら探しにいく) 泥団子づくり　異年齢の子どもと出会う場にもなっている。 △夢中になって腕が上がったK男の泥団子を皆に見せる機会をつくりたい。
11：00	片付け　たとえひとつでも片付けて，遊びに区切りをつける気持ちをもたせたい。 △遊び始めの遅かった子，遊びが盛り上がっている子がいたら，片付けを急がせず，場合によっては残すことも考える。
11：10	帰りのひととき：みんなで一緒に絵本を見たり，歌ったりして楽しむ。 △K男のみごとな泥団子を紹介したい。また，あまり楽しい1日ではなかった子もいるだろう。そういう子にはこの場でできるだけ声をかけ，少しでも気持ちが晴れるようにと心がける。
11：30	降　園　持ち帰りたいものがあれば持ち帰る。 (ビニール袋等用意　泥団子はどうするか)

な，1日の中のつながりを見る態度も，日案2から読み取れるような，園全体の遊びを俯瞰的に眺めて調整し考える態度も，どちらももちつつ“今”はどこにどうかかわるのがよいのかを決定しているのである。この“つながり”という縦糸と“ひろがり”という横糸の両方を1つの形で書き表すのはなかなか難しい。だからこそ，日案を読む際は，字面だけの理解でなく，書かれた要素を自分の頭の中で別の形に変換して読み取る能力もまた必要になる。

日案を書く作業が容易に進まなかったり，「うまく書けない」と悩むことに

表4－4　日案2

保育指導案	令和○○年11月１日（水）	年少○○組（男児15名女児12名計27名）保育者○○○○

昨日の子どもの姿

仮面ライダーに夢中

仮面ライダーに夢中なL男たち。毎日朝来ると２階の踊り場の場所が空いているか確認する。今日もM男が早速見てきて「使ってない」と報告。すぐさまいつも仮面ライダーごっこをしているメンバーが，お決まりのベルトを付けて変身だ。今日は，いつもならお客になっていたA男も，ベルトをつくりたいと「牛乳パックちょうだい」と言ってきた。T（保育者）も手伝ってベルトが完成。急いで踊り場に走っていくと，もうM男たちのショーは始まっていた。ちゃんと積木でお客さんの椅子も作ってあり，女の子たちや，K先生がお客になっている。M男たちはお客さんにかっこいい姿を見せようとおおはりきり。カセットの曲も流れ大いに仮面ライダーショーは盛り上がった。A男はベルトのままショーを楽しそうに見ていた。

「いらっしゃい，いらっしゃい」

アイデア豊かなB子，朝のおしゃべりの中で「そうだ，今日は本屋さんやろう」と決定。決めると早速仲良しのC子，D子とせっせと本を運んで机に並べ，本屋さん開店。「いらっしゃい」と元気に声をかけ，お客が来ると「この本どうですか」とすすめる。紙袋も用意し，箱にボタンを書いてレジも作り，本格的。

虫の探検隊

虫といえばO男とP男。虫博士とよばれている２人は今日も図鑑を持って虫探しに出かけて行った。といってもチョウやバッタが取れるとは限らずダンゴ虫だったりするのだが，「いっぱいとれた」と満足そうだった。

1日の流れ	8：40 登園 ― 好きな遊びをする ― 11：00 片付け ― 11：10 帰りのひととき ― 11：30 降園
今日特に大切にしたいこと	友だちとかかわる中で，一緒に遊んで楽しい思いをしたり，なかなか意見が合わなくて悲しい思いをするなど，いろいろな思いを味わう経験ができることを大切にしたい。

予想される生活　　予想される子どもの表れ　　環境構成・保育者の援助

B子たちのお店屋さん
朝の相談で，何屋さんになるのかが決まる。お客さんとのやりとりが楽しくて多くの子が参加するだろう。

どんなお店でも対応できるように材料を用意。保育者も一緒にアイデアを出して参加。

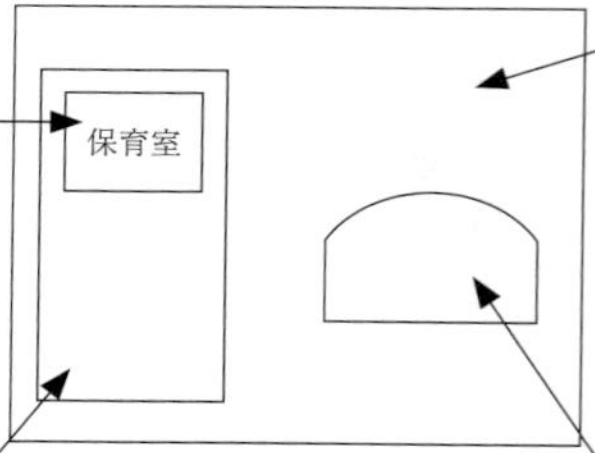

仮面ライダーごっこ
M男，L男たちが中心になって毎日やっている「仮面ライダーショー」だが，もめながらも自分たちでやり方を相談して決めている。昨日ベルトまで作ったA男が今日は参加するかもしれない

A男が仲間に入りたい様子だったらその気持ちをぜひ応援したい。１日のうち，どこかではじっくりとショーを見ることにしよう。ほかの子たちが場所を使いたいようなら考えさせたい。

虫探し　何人かで連れだって出かける。毎日新しいメンバーが加わる。虫嫌いのQ子もダンゴ虫には興味あり。

虫博士たちが虫を見つけたら，周りの子に知らせて，輪を広げる。

泥団子づくり　K男はきっと１日のどこかで行くだろう。普段静かなK男だが，年少児などは尊敬のまなざしで見つめている。

年少児にあこがれのまなざしで見つめられるのはもちろんうれしいことだが，とびきりの泥団子ができたら，クラスの子どもにも紹介したい。

表4-5　週日案

6月第1週　　2年保育年長児　○○組

前週の子どもの様子	今週のねらい及び内容	かかわりを育てるための環境構成・配慮
アメンボ取り　まだ，掃除をしていないプールいっぱいいたアメンボを喜んで捕る。夢中になったのはT男とS男。アメンボと知恵比べ。虫嫌いなN子も参加。 **水遊びコーナー**　少しずつ広げてきた水遊びコーナー。参加者もだんだん増えてきた。水嫌いなR男もここには参加する。 **先週転入してきたA子**　まだ少し固さがあり時折不安そうな顔を見せる。T子とH子が常に一緒に行動してくれることで助かっている。	・広がってきた水遊びのコーナーで，やってみたい遊びを友だちと工夫して進める。 ・水の面白さを感じながら，様々な水とのかかわり方を楽しむ。 ・ミニトマトなど，育てている野菜の生長を楽しみにする。	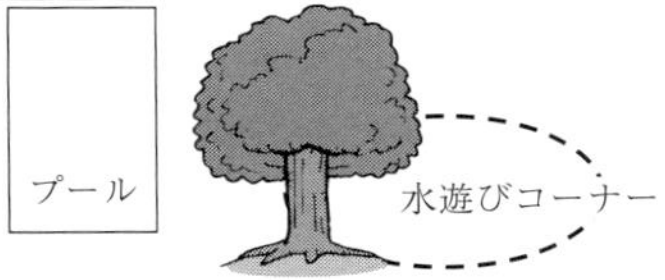 年長3クラスが交わって遊べる場になるように配慮 道具（水鉄砲・ペットボトル・カップ等）を分かりやすく出す（片付けも考えて）

	1日（月）	2日（火）	3日（水）	4日（木）	5日（金）	6日（土）	次週に向けて
予想される活動 △願い・配慮	9：00 絵本返却 交通教室 9：30 各クラスで話 9：55 実地指導 △早めにお弁当にし，午後にゆったり遊べる時間を取る。	新規採用教員研修のため参観者 △多くの参観者がある中で動線確保。 11：30 お迎え △普段と違うので子どもの動きに配慮。	誕生会 9：45～クラスで 10：00～遊戯室 お話バスケットによるおはなし △おやつはお楽しみのメニュー。反応はどうだろう。	9：30～発育測定（にじ，つき，そらの順で） △終わったら外でたくさん遊べるように水遊びのコーナーを充実。 1：30～耳鼻科検診	年長プールそうじ 9：30～できたら水着に着替えるが，普段の服でもやりたい子から（担任は交代でプールに）	年長プールそうじ（予備日） 11：15～早めにお弁当を食べ始める 12：30 絵本貸し出し	8日プール開き △アメンボ取りの時の汚れたプールと比べてびっくりするのを楽しみにしたい。
	←―――	―――	―――	水遊びコーナーからプールへ	―――	―――→	
備考	←――― ミニトマトに水をかけるよう声かけ。	―――	―――	――― 職員プール掃除。明日のためスポンジ・たわし等用意，ホース点検。	―――	―――	―――→

10の姿に向けて

表4-6　4歳児　富士市Aこども園たんぽぽ組・週日案　7月11日（月）～7月15日（金）

園長	主任

記入者：

<今週のねらい> 遊びや生活を通して相手の気持ちに気づく			<うた>・とんでったバナナ　・おばけなんてないさ ・南の島のハメハメハ大王		
㋪ 松下	(日直)後藤　11日（月）緊急対応マニュアル 風間研修 公開保育（後藤）　16：15～ PM えのぐとく ・ねんど，導入	プールそうじ　12日（火）(ピンク) 文庫　返却のみ　ⓗⓢⓣⓢ 9:20 30 40 50 ねんど板 ねんど　えのぐの絵 → PM 音楽係	(ピンク)　13日（水） 公開保育（風間）{じゃんけん列車 いすとりゲーム えのぐの絵2日目 PM 学年反省会	(日直)　風間　14日（木） ダンスレッスン　9:40 10:00 10:25 10:45 ⓢⓢⓣⓗ とんでったバナナ（2番まで）13：00–防災 制作帳　くじら →	15日（金） おやこんぼ　つみ木 公開保育（松下）　クレヨン かきこみ
活動・遊び（配慮点・子どもの様子等）	⊙絵の導入。粘土。 ・クラスの仲が深まり，友だちと一緒にあそぶ楽しさを味わっている。 ・明日は“だいすきな友だち”をテーマに絵を描く。 ・どんな所を描きたいか発表する時間をつくる。 →発表する時に“名前を呼ばれたら返事をしていすをしまおう”と伝えるとⓀⓂⓈⒽなど発表する子はみんなできた。	⊙絵の具の絵 ・体の動きについて話をすると，体を描く子が増えた。 ・テーマが“友だち”や“友だちとあそんでいるところ”だったためイメージをしやすい。 ・明日も丁寧に描けるよう気持ちづくりをしていく。 ・Ⓜ1枚目は青いえのぐで全て塗りたくる。2枚目を渡し「顔をなくさないでね」と声をかけると，「体もかく！」と言いかいていた「手や足はどうなっているかな？」と伝えると手足もかくことができた。	⊙じゃんけん列車 ・じゃんけん列車の絵本を読み，初めてクラスでやってみる。 ・肩から手を離してしまう子がいたので，もう1度ルールを確認する。 ⊙いすとりゲーム ・久しぶりにやってみるが前回よりも友だちを応援する子が多かった。 ・いすに座れず泣く子もいなかった。 →気持ちを調整する力が付いてきた。 ・Ⓜはじめは自分のいすを探して座ろうとするが，「自分のいすじゃなくても大丈夫だよ」と伝えるとその後は他の友だちのいすに座れる。	⊙ダンスレッスン ・自分たちでダンスを作ってうたの時間に踊るほど大好きな“とんでったバナナ”，振りつけをすぐに覚え，何度も「やりたい！」と言っていた。 ⊙折り紙　くじら ・前回のしずくの折り方を覚えていて，すすんで折れる子が多かった。理解する力が伸びる。 ・ⒶⓉⒽ初めて自分の力ですべて折れた ・ⓂⓀⓂ声かけ必要	⊙保育を見に行く日 ・今日は全クラスの保育を見に行き，声のかけ方や話し方，環境づくりなど勉強になった。 ・早速火曜日以降の保育に取り入れていきたい。 ・他のクラスの様子を見ることができ，とても良かった。
備考（個別支援等）	⊙K ・給食をあまり食べなかったため熱をはかると38度5分。 ・16：30　TEL 38度7分　この後病院に行くとのこと。 ・水筒の中身3/4減っていた。 外あそび①9：15～9：40 ②11：40～12：00 45分間	⊙M ・はさみのキャップはしていたがⒽにはさみを向けてしまう。 →絶対にやってはいけないと伝える。 クラスでももう1度はさみの約束を確認する。 （・はさみは座って使う。 ・友だちには向けてはいけない。 ・切って良いものは紙だけ。）	⊙M → ・担任とスキンシップをとりたがる。 ・友だちや他の職員にもスキンシップを求め，友だちに嫌がられるとたたくことがある。 ・お弁当中も「ママに会いたい」と言い2口ほどしか食べず… ・祖母に TEL し家での様子をきく （・最近母と土曜日にあそびに行くことがある。 ・たまにママに会いたいと言う。）	・ダンスレッスン中に走り出す ・「やらない」と言う。 ・今までのダンスレッスンでは楽しく参加していたが，"見てほしい"という気持ちがとても強いようだ。 ⊙H ・11：00頃シール帳を取りにいく際転んでしまい右耳のうしろを机の角にぶつけてしまう。職員室で見ていただき消毒をして冷やした。 ・すぐに血は止まったが父に連絡をした。 ・急いで取りにいくことがあるので落ちついてすごせるようにする。	(副)にⓂⓀの相談をする。 ⊙M　(母)に TEL する。 （・夏休みのすごし方を一緒に考えていきたい ・個人面談ではみじかい時間しかお話しできなかったので家での様子をもう少しききたい。 ・M のために一緒に考えたい。） と伝える
㋕	K（私用）	A（私用）。S（様子見）	A（兄のクラス学級閉鎖）→ K（体調不良）→	〃 〃 →	（弟　鼻水） 〃

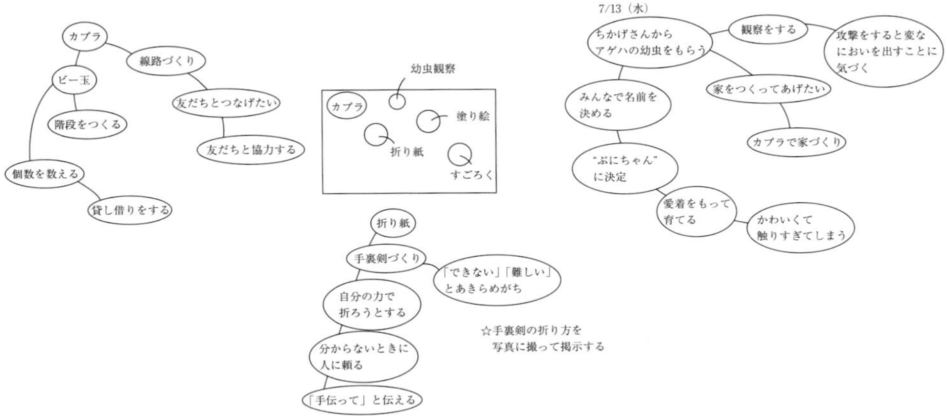

7/13（水）
ちかげさんから
アゲハの幼虫をもらう
観察をする
攻撃をすると変な
においを出すことに
気づく
家をつくってあげたい
カプラで家づくり
みんなで名前を
決める
"ぷにちゃん"
に決定
愛着をもって
育てる
かわいくて
触りすぎてしまう
カプラ
線路づくり
友だちとつなげたい
友だちと協力する
ビー玉
階段をつくる
個数を数える
貸し借りをする
幼虫観察
カプラ
塗り絵
折り紙
すごろく
折り紙
手裏剣づくり
「できない」「難しい」
とあきらめがち
自分の力で
折ろうとする
分からないときに
人に頼る
「手伝って」と伝える
☆手裏剣の折り方を
写真に撮って掲示する

＜今週の子どもの姿＞	＜次週に向けて＞
・友だちとのかかわり…友だちとけんかになった時「やめて」と言葉で伝えられる子が増えてきた。周りにいる子も，教えてあげるようになる。 →	・引き続き，言葉で伝えられた時に認めていく。
・アゲハの幼虫をクラスみんなで大切に育てている。名前を付け，愛着をもっている。思いやりの気持ちが育ってきている。 →	・図鑑を見ながら，大切に育てられるようにしたい。
・次に何をするか考え，見通しをもって過ごす子が増えてきた。 →	・クラスでできるようになったことを発表し，みんなで成長を喜び合えるようにする。

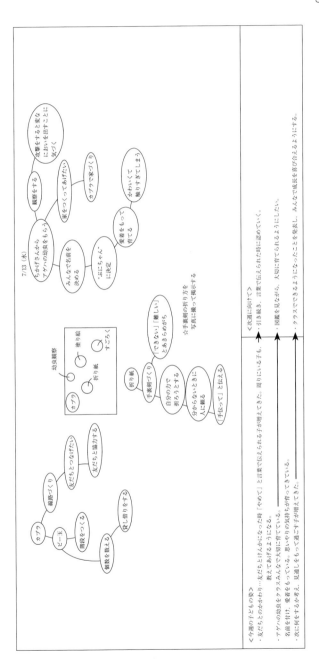

なったりする理由はこの表しづらさにもあるのだが，そこでよりよく表現しようと考えることが保育者としての育ちにつながる。

日案にもいろいろな形式があり，それぞれの特徴がある。それぞれの園の保育形態・保育方法に合わせて，どれが読んだ相手により分かりやすく伝わるのかを考えて選びたい。そしてまた，1つの形式ばかりで書かずに，自分の保育を表現するのに一番ふさわしい形式を，工夫して考え出したいものである。また，ここにある日案例は研究会のためにていねいにつくられたものであって，実際の保育の中では，毎日これほど詳しく日案を書いているとは限らない。しかし，たとえ簡略化した日案であっても，その裏にはこのような保育の計画が存在していることを知っておく必要がある。

保育は，発達の個人差の大きい子どもたちに対して，個別の願いをもった上で，それらを遊びや生活の中で絡ませつつ実現していく行為なので，小学校以上の教育に比べて，保育者が，何を願い，何を育てようとしているのかが見えにくいという性質をもっている。日案は，そのように外からは分かりにくい様々な保育者の意図や，そのための手立てを，他の人に伝える手がかりとなるものである。そして保育者自身にとっても，書き表すのにふさわしい言葉や書式を探す中で，自分の保育が見直され，考えが新たになるという成長もあるだろう。ただ形式的に決まり切った言葉を並べて体裁を整えることだけがうまくなり，すらすらと書けるようになったところで意味はないのである。

2）週案・週日案

保育は，1日の生活の流れが1つの単位であって，その中で子どもの姿を捉え，それを明日の1日に生かすというように計画されていく。その性質を生かして1日という単位の計画を立てるのが日案であるが，これが小学校であれば，1日の流れよりも，各教科の1授業時間における内容の連続性のほうが意味をもつ。そこでは子どもたちもまた，今日1日の生活の流れもありながら，各教科による内容の連続性を意識して授業に臨むことができるからである。このように1日の生活の流れを尊重した計画を立てること自体が，幼い子どもを対象にした保育の特徴であるともいえる。

日案が1日の流れを表したものならば，もう少し長い1週間という単位で子どもの生活を見通した計画を立てるのが週案である。そしてさらに，週案の中に，1日1日の計画を詳しく書く欄を設けて，日案も兼ねるものが週日案である。

実際の保育の中では，子どもが幼いほど予想外の表れがあるものなので，計画は計画としてありながらも，臨機応変な対応が求められることが多い。ベテランの保育者になると，1日1日の保育の計画を綿密に立てるよりも，週日案として1週間を見通したおおまかな流れについて計画を立て，子どもの表れによって修正しながら保育を進めていくほうがやりやすいのかもしれない。細かく計画を立てても，生活の中での子どもの表れによって，柔軟に計画は変わり得るものであるし，一人ひとりへの願いや，配慮すべきことなどは，取り立てて書き記さなくても頭の中にしっかり入っているからである。

表4-5は，週日案の実例である。最下段にこの週の活動が「10の姿」にどのようにつながっていくかを書く欄があり，保育の中で「10の姿」が意識されていることが分かる。また表4-6は，別の形式の週日案である。一番上の欄に，その日のおおまかな計画が書かれており，それに対する記録の部分が細かく書けるようになっている。その日の子どもの姿が次の日にどのようにつながっていったのかが矢印で表されていたり，下の欄には7月13日の様子がマップの形で表されているなど，保育のつながりが一目で分かるような工夫がされている。このように，週日案，日案いずれにせよ，それを見返すとクラスの1年の育ちが見えてくるようでありたい。

4．指導計画を生かすために

以上，検討してきた様々な指導計画は，どれも意味のあるものではあるが，実際の保育の中で，これらすべてをきちんと整えることは容易なことではない。教育課程，全体的な計画をていねいにつくる園であれば，年間計画，月間計画は簡単にすることも考えられるし，保育についての話し合いをていねいに行うことにより，指導計画自体は簡単に書くようにしている園もある。何よりも肝心なのは，「子どもをどう捉えていて」「そこから何を育てようと考え」「そのために何を用意し」「どう保育するか」という保育を組み立てる上に必要な要素が，自分自身にも，周りの人にも理解でき，それをもとに保育していくことなのである。それを形にするのが計画を立てることであるが，書くことで保育者が疲労困憊して一番大切な「子どもを保育すること」がおろそかになってしまうのでは本末転倒になってしまう。計画に必要なことがしっかりと押さえられているのなら，できる限り簡略化していくこともまた，保育を充実させるための工夫であるともいえよう。

どうだろうか。「子どもと遊ぶのはうまいけど，指導案が書けない」といっていた人に，指導計画を立てる意味が分かっていただけただろうか。指導計画は，もちろん人に保育についての考えを伝えるという意味もあるが，ただきれいにまとめることが目的ではなくて，書くことで自分のしている保育を自覚し，整理することにこそ意味がある。また，保育と同様，結果としてどういうものができたかよりも，計画を立てる過程で子どもがより見えてきたり，うまく書けない部分については考察が不足していることに気付いたりすることのほうが重要だ。うまく書けなくてもよい。借り物の指導計画を使ってしまうことなく，自分の感覚に一番合った“自分の言葉”で自分の保育を語れる保育者を目指してほしい。

まとめの課題

1．指導計画をつくる際に，文章で書く形，写真などを利用する形，図表で表す形などいろいろな形式が開発されているが，それぞれのメリットとデメリットについて考えてみよう。
2．これまでに見た指導計画の中で分かりやすいと感じたものをあげ，なぜそう感じられたのかを考えてみよう。また，ないのであれば，分かりにくい部分はどこなのかを考えてみよう。
3．同じ保育目標でありながら，現実には全く違う指導計画のもとで保育を行っている場合があるが，その違いはどこから生まれているのかを考えてみよう。

Ⅱ. 実 際 編

第5章 乳児（0・1歳児）の指導計画立案の実際

予習課題

1.「保育所保育指針」第1章3（2）イ（ア），同解説（厚生労働省）の【3歳未満児の指導計画】【異年齢の編成による保育の指導計画】（p.49, p.51）をよく読んでまとめておこう。
2.「保育所保育指針解説」の乳児期の発達の姿（p.101～102），1歳以上3歳未満児の発達の姿（p.131～133）をよく読んでまとめてみよう。
3.「保育所保育指針」第1章3（2）カの長時間にわたる保育について，同解説も含めて学んでおこう。

1. 0・1歳児の指導計画の立案にあたって

保育の計画は，子どもの発達の状態と過程を視野に入れてつくることが基本である。そのため，0・1歳児がどのような発達の状態にあるのか，それがその後のどのような発達につながる見通しをもつ必要があるものなのかを押さえておきたい。そのことが指導計画作成の基礎になるからである。同時に，それが「同年齢の子どもの均一的な発達の基準」ではないということも大事なことである。本章では，保育所を例としてみていく。

立つことができてやがて歩けるようになる，立てない子どもが歩くことはない，首がすわらないのに座れる子はいないことなどを考えても分かるように，生まれた子どもが成長していく，その道筋や順序性はあるが，実際の様相は個々様々であり，道筋や順序性ですら，時に停滞や後退しながら，時に急に進展したりする，全体としてはゆるやかな上昇傾向を描くものなのである。

保育は，一人ひとりに合ったということが一番大事なことであるが，0・1歳児のような低月年齢ほど発育・発達が著しく，個人差が大きいことから，個々を見据えた，個別の配慮が必要になる。保育所は集団生活の場には違いないが，家庭との垣根をできるだけ低くし，本来，家庭というとても小さな場で，一対一の関係を基本に生活するべき年齢の子どもが，園という集団の場で一人ひとりに無理なく自然に，心地よく過ごせるにはどうしたらよいかを考える必要がある。生育歴や発育状態が一人ひとり異なるだけでなく，個々の乳児の家庭の状況によっても子どもの状態は異なる。

入園前や入園後に保護者と面談する機会や，家庭訪問，短い時間であっても登降園の際に直接話をする機会があればそうした際に，直接保護者と会って話を聞く機会がない場合には，家庭との連絡帳などを利用して，子どもの基本的な生活習慣と状況について把握することに努める必要がある。

保育という，大人が子どもを育てる営みは，そのかかわりの中に養護と教育を含み込んだものである。だが，生きていくために，より大人の保護や世話を必要とする0歳児や1歳児の保育は，まさに，その養護と教育が一体となったものである。愛情にあふれた語りかけやスキンシップの中で，授乳にしてもおむつ替えにしても，どこからどこまでが養護（あるいは教育）ということはないし，生活上必要な1コマにも遊びがある。0歳や1歳の乳児の保育は，まさに遊びと生活，養護と教育をはっきりと区切ることのできない，そうしたものが一体となったものである。

長期（年・期・月）と短期（週・日），これらすべてを網羅した，形としての計画が表としてあればいいというわけではない。乳児クラスでは，個別指導計画（表5-1）をデイリープログラムや保育記録，家庭への連絡帳と組み合わせて工夫しながら保育しているところも多い。0・1歳児は成長が著しい。目の前の子どもの実態に合わせていくためには，長期より短期の計画のほうが実用度が高い傾向がある。しかし，個人差はあるといっても，その月齢による発達の状態と次の発達の方向性を押さえていくような中長期的視野をもつことも必

表５－１　個別指導計画

氏名　　　　　　令和○年８月25日生

月 年月齢	子どもの姿	ねらい	保育者の かかわりと配慮	反省
４月 ０：８	◀―――	保育の記録に記載	―――▶	・朝，少しぐずり出す時が多いので，眠いかと思い，抱っこしていたが，お腹がすいていたようだった。おやつを食べると満たされて，30分程寝てくれた。 ・お座りをして遊んでいると突然泣いたりする時は，便が出ていることがあった。気付くのが遅くなってしまうことが多かったので，本児の様子をしっかり見て，生理的欲求などに早く気付けるようにしていく。
５月 ０：９	・お腹がすくと，ぐずり出す。離乳食もよく食べて，足りないと泣いて知らせる。だいたい午前と午後のおやつ後に眠くなる。 ・担当保育士を見ると，よく笑い，おむつ替えなども機嫌よく応じてくれることが多い。	〈情緒〉 ・生理的欲求を満たしてあげ，機嫌よく過ごせるようにする。 〈睡眠〉 ・睡眠時間が一定して，安心して寝れるようにする。	・本児の様子を見て何を求めているかをくみ取って，その欲求を十分に満たせるようにかかわっていく。 ・本児のリズムや状態に合わせて，快く眠れるようにする。目覚めた時は抱き上げたりして安心感を与えるようにする。	・本児の様子で，眠いのか，便が出ているのか，甘えたいのかを察してかかわれるようになり，本児もその欲求が満たされることで安心して過ごせていた。 ・情緒が安定したことで，睡眠時間も長くなり，眠れることで，機嫌よく目覚めるようになった。今後も生理的欲求を満たしていくようにする。

要である。そうでないと成長の節目や次のステップへの充実した過ごし方を飛び越してしまうことにもなる。

経験年数や年齢構成の異なる複数担任クラスでは，気になる姿を出し合うことなどで，自然と子どもの成長の過程が話題にのぼり教え合うこともある。また，年間計画を作成する作業を通して，おおまかな発達の道筋や順序性を捉えることも，特に若い保育者世代には必要になることもある。ある園では，若い保育者に分かりやすくと，乳汁から離乳食，幼児食への流れを様々な参考書を利用して，自分たちの経験に照らし合わせて独自のものを絵入りで表にしていた。そうした，トピックを縦に確認する作業の中で，育ちの経過を確認したり学んだりすることも大事なことである。

2．様々な取り組み

（1）A園の場合から

0歳児クラスとはいっても，クラス単位で計画を立てることはなかなか難しい。A園では，月の指導計画（個別）と個人の週案（経過記録を兼ねる）を保育の記録としている。その他，1日のその子の遊びや活動の，内容・姿を連絡ノート（複写式）に書きとめて保護者に渡しているが，その控えを保育日誌として記録の補足としている。

保育士になって3年目のM保育者は，自分が担当しているユカ（仮名／今年4月10か月児で入園）の次のような姿が気になった。腰が安定せず，座っていてもよく後方に倒れそうになる。足を蹴る力が弱い。また，家庭で抱っこされることが多かったのか，うつぶせにすると泣いて嫌がる。

保育者も一緒にうつぶせになって遊ぶ姿を見せたり，うつぶせの時間を少しずつ増やしていったりして，うつぶせの状態から腕の力で身体を起こして座れるようにもなった。しかし，足を使う姿はあまり見られなかった。座った状態で腕の力を使ってお尻をズリズリとすりながら好きな場所へ進んでいく。そのためもあるのか腕の力はずいぶんついてきて，以前より進むのも速く，長い距離の移動を楽しんでいる姿がうかがえる。

そんなユカへのアプローチとして，M保育者はもっと足の力を育てたいとステップマット登りや足のマッサージを取り入れてきた。5月に入ってビーズクッションや細長いクッションを脇の下に置き，うつぶせ寝からハイハイへと促す働きかけを取り入れてみた時の計画（月案，週案），経過記録が表5-2～表5-4である。M保育者の気にしている点は，発達過程としても大事な点である。また，まだ経験の浅いM保育者の気付きと問いを受けて，筋力をアップするマッサージの方法を調べ，絵にして示してくれる複数担任として勤務する同僚の支えなどもある。

0・1歳児の場合，複数担任であることが多く，みんなで見ていこうということを基本にしていても，子どもとの愛着関係の形成，心身の健康状態の把握，家庭への連絡などの点から，担当を決めているところが多い。その中で，自分が担当している子どものことは気にかけても，他の子のことはその担当者任せになったり，逆に遠慮があり口に出せないこともあるなど担当者間で横の連携の難しさもある。この例のように，自分の気づきや疑問を気軽に共有し，一緒に考えてくれる保育者がいると，疑問を投げかけた側も共に考える側も互いに学びの機会にもなり，子どもへのかかわりの幅も広がる。

このように，0・1歳児の指導計画は，一人ひとりの子どもの姿を見ながら立案することだけにあるのではなく，その際に子どもの姿をもう一度思い出し，その子にとって今必要なことは何かを考え，その際の疑問や課題を同僚と共有しながら，よりよい手立てやかかわりを工夫することに意味がある。立派に立案された計画表ができていても，自分だけの見方に偏っているとしたら，子どもが自分の思うように変容しないことにじれてしまったり，そのことを子どもや家庭・保護者のせいにしてしまったりして，当の子どもとの関係がうまくとれないばかりか，場合によっては，子どもにあたっていても気づかないということにもなる。形ではなく，多忙な日常の中で無理なく，保育に生かすことが大切である。

（2）B園の場合から

B園は小規模のため，0・1・2歳を一緒にして未満児クラスとしている。0歳児と1歳児では，形式は違っている（表5-5）。園目標のもと，園全体で1年を4期に分けており，1歳児は4期のスパンで年間計画が立てられ，0歳児は，5期（3か月スパンを基本）に分けている。特に低月齢は本章1（1）で述べたように，著しい発達に合わせて，発達の節目を押さえながらていねいに見ていく必要がある。

月の指導計画は，未満児クラス全体のものと，それとは別に0・1歳児のものを用意している（表5-6，表5-7）。少子化のため，0・1・2歳の混合クラスを編成せざるをえないが，年月齢が低ければ低いほど，個々の発達を捉える必要があり，どうしても別になってしまうのだろう。大都市では，0・1歳児の待機児童が問題になっているが，地方は，少子化による園児数の減少で，異年齢で混合クラスを編成せざるをえない。異年齢が混じり合って生活する中では，年齢が下の子どもが上の子どもを見て学ぶ遊びや園生活の慣習の伝承や，年上の子どもが年下の子どもを思いやるなど，現代社会で失われつつある縦の人間関係の中で育つものが期待できるメリットもある。しかし，集団での生活リズムより一人ひとりに即した配慮が必要になる低年齢で，異年齢クラスを編成せざるをえない時に，指導計画をどうするかは，保育者も頭を悩ます問題である。

例えば0歳児と1歳児が一緒に生活している中では，知らず知らずのうちに，より手をかける必要のある0歳児に保育者がかかりきりになってしまい，1歳児が後回しになってその思いが見落とされてしまうことも出てくる。1歳児が0歳児をかわいがるなど，プラスの面もあるが，1歳児そのものもまだまだ大人の手を必要とする年齢なのである。そうしたことを自覚して保育をするためにも，指導計画や保育記録は自分の保育を振り返る機会となるので必要なのだが，どういう形がいいか，別々がいいか，クラスとして一緒でいいかなど，立案の時間が確保できるかも含めて試行錯誤することも多い。

(3) C園の場合から

指導計画はこの形式でなければならないというものではない。クラスに子どもが多く，また，長時間にわたる保育への対応で保育者が代わる場合における現場の工夫を，表5-8の月週案，「保育士間の連携」の欄（p.109）に見ることができる。近年，時間外保育は延長傾向にあり，保育者も交代する。個別配慮が伝達されないことも起こりうる。食事の状態，睡眠の状態，便の状態，ちょっとした健康上の事柄が生命の危機につながる確率も幼いだけに高い。ちょっとうっかりしたことが乳児の命を奪うというような不幸なことにならないためにも，職員間の連携を図り，伝達事項に遺漏がないよう，記録や，できれば多忙な中でもちょっとした話し合いができるように職員間で努力していきたい（p.108太字参照）。

特に低年齢児の場合，特定の大人との一対一の関係が，その後の人間関係や言葉，コミュニケーション能力の獲得の核となるために，複数担任の中でも担当の子どもを決めていることも多い。そのことで，発達の初期にしっかりした愛着の絆を築くような人間関係など，得られるメリットももちろんあるからなのだが，全担任でクラス全体を見る視点，園全体で子どもを見ていく視点も忘れないようにしたい。

表5-2　個別指導計画　令和○年度　0歳児　5月

ねらい	環境
○散歩や外気浴を楽しみ，心地よく過ごせるようにする。 ○歌遊び，ベビーマッサージを通して，保育者と触れ合うことを楽しむ。 ○一人一人の生活リズムを大切にし，安心して過ごせるようにする。	○体調・天候のよい日には，テラスで日光浴や散歩を楽しみ，日の光・春の心地よい風を感じ気分転換できるようにする。

氏名 年齢	先月の子どもの姿	親の思い 保護者との連携	育ちのめやすと内容
（1歳）アカマ　イク	・積極的につかまり立ちをし，つかまる所がない時はハイハイで進む。ハイハイも速くなり，凹凸や坂も進んでいく。 ・後期食を食べる。食べごたえがあるからか，ミルクの量も減ってきた。 ・思いどおりにならないと泣いて訴える。保育者に抱かれたい時に，抱くことができないと，体を反らせて泣く。	・家庭では，大人の食べているご飯に近い物を食べている。 ・家庭でも泣いて抱っこをせがむことが多い。泣きだすとそりかえって暴れるようである。	・散歩や外気浴で開放感の中，体を動かすことを楽しみ，心地よく過ごせるようにする。 ・本児の様子を見ながら，ミルクの量を減らし，離乳食へ移行していく。 ・歌遊び・ベビーマッサージを通して，保育者と触れ合うことを楽しむ。
（1歳）サワ　ユカ	・中期食を食べる。咀嚼力が弱く，柔らかい物は食べられるが，硬い物はなかなか飲み込めない。お茶やうどんをすすれず，流しいれてくれるのを口を開けて待っている。 ・ふれあい遊びを好み，保育者と肌が触れたり目が合うと，笑顔になる。 ・ハイハイやずりばいへの意欲があまりない本児だが，“動きたい”という意欲が見られ，座った状態でお尻をすって進んでいる。	・母親が仕事で忙しいため，早朝保育を利用しており，降園時は祖母の迎えのため，なかなか母親に会えない。しかし，仕事が休みの日には園に顔を出してくださったり，ノートにも細かいことまで記入してくださり，保育者と伝え合おうとしている。	・意欲的に食べようとしたり，保育者をまねて，口をモグモグと動かしたり，すすってみようとする。 ・“動きたい”という意欲をもち，腕・足の力を使ってみようとする。 ・母親と会えないため，細かいこともノートや会えた時に伝えていく。
（1歳）ナガタ　ユキ	・20時まで延長保育を利用し，土曜保育も利用しており，疲れやすいのか，体調を崩している日が続いている。 ・4月当初に比べ，保育者に泣いて抱っこを求める等，徐々に甘えられるようになってきた。また表情も柔らかくなり，笑顔も見られる。 ・後期食を食べる。好き嫌いが激しく，野菜類を食べようとしない。 ・他児が気になり，近くによっていき，顔に触れる，押す等の表現で表す。	・仕事が忙しく，なるべく保育園で預かってほしい。 ・家庭でも抱っこを求めるようになってきており，自我が芽生え，無理を言うこともあるので，あまりよく思っていないようである。 ・一緒に登降園するのが，母・父・従業員等，毎日一定しておらず，様々である。	・ノートや登降園時に体調を伝え合い，健康に過ごせるようにする。 ・散歩や外気浴で開放感の中，体を動かすことを楽しみ，心地よく過ごせるようにする。 ・1口ずつでもいろんな物を食べてみようとする。 ・他児が気になり，触れてみようとする。

園長		主任		担任	

健康安全	○少しずつ環境に慣れてくると同時に，疲れやすく，体調を崩しやすい時期なので，登降園時やノートで体調を伝え，家庭と連携してみていく。 ○気温に応じて衣服の調節をしたり，水分補給をする。	備考	（感染症や天候，気付いたこと） ・日中が暑く，朝夕が寒いので，体調を崩す子が増えている。

保育者のかかわりと留意点	反　省
・体調・天候のよい日には，散歩や外気浴に出掛け，解放感の中，体を動かし，また押し車を使って歩く経験ができるようにする。 ・家庭では大人の食事に近い物を食べているようなので，様子を見つつ，保護者・調理師と相談しつつ離乳食を進めていく。 ・歌遊び・ベビーマッサージを通して，触れ合うことを楽しんだり，抱っこをしてほしいと泣いて訴えた時には，「抱っこしてほしいんだね」と気持ちを受け止め，抱きしめてあげる。	・戸外で押し車を押して歩く等，積極的に歩こうとする姿が見られ，室内でも両手を離して立つ姿が見られるようになってきた。 ・14日～主食のみ完了食を食べ始める。持ちやすい物を小皿に入れると，そこから手づかみでとり，うまく口へ運んでいる。コップは持とうとしないので，保育者が一緒に支えて持つことで伝えていきたい。 ・眠い時等，当初は昨年度からの保育者を求めることが多かったが，信頼関係ができてきたのか，担当保育者の元へも来ることが増えてきた。引き続き，本児の気持ちを受け止めたり，ふれあい遊びを楽しんでいきたい。
・保育者がモグモグと口を動かして見せたり，吸って見せる等して咀嚼，吸うことを促す。また，家庭と連携し，家庭での様子も聞きながら離乳食を進めていく。 ・本児の“動きたい”という意欲を尊重し，玩具で誘ったり，マッサージをして，楽しみつつ無理なく腕・足の力を使っていけるようにする。 ・登降園時に会えない分，細かいことも本児の様子をノートで伝える。また，会えた時には，家庭での様子を聞いたり，本児の様子を伝え，母の表情や本児とのやりとりを見る。	・保育者がモグモグと口を動かす姿を見て，まねて口を動かしてみる姿が見られ，皿に手を伸ばしたり，スプーンのお茶や短いうどんを吸う姿も見られてきた。家庭ではペースト状が多かったため，母親にノートやサンプルの写真で伝え，家庭でも少し硬めの物を食べるように薦めた。 ・腕・足ともに力が付いてきており，つかまり立ちも見られるが，ハイハイをしていないため，背筋がない。ステップマットを腕の力で下りたり等，本児のできる範囲でうつぶせに慣れ，本児の意欲をそがずに背筋を使っていければと思う。 ・細かいこともノートで伝えて，母親も連携してくれようとしている。
・ゆったりとした生活リズムの中で過ごし，家庭と体調を伝え合い，本児が健康でなるべく欠席せずに過ごせるようにする。 ・体調・天候のよい日には，散歩や外気浴に出かけ，開放感の中，体を動かしたり，室内とは違った刺激を受けることができるようにする。 ・保育者に甘え，泣いて抱っこを求めたり，表情が柔らかくなってきたので，歌遊び・ベビーマッサージを通して，触れ合いを楽しめるようにする。 ・小さくしたり，ご飯に混ぜ，食べやすいよう工夫する。 ・保育者がなでるところを見せたり，一緒に触れることで，“気になる”という本児の気持ちを受け止めつつ，他児に触れられるようにする。	・熱の出る日が続く。高熱が出ても，座薬を入れて登園する日が多い。引き続き，ゆったりとした生活リズムの中で過ごし，家庭と体調を伝え合い，本児が健康に過ごせるようにする。 ・体調の悪い日が続き，あまり戸外遊びができなかった。 ・好き嫌いが強くなり，“これが欲しい”と指さししたり，“イヤイヤ”と首を振る姿も見られてきた。1口ずつでもいろんな物を食べてみることができるよう，調理師・保護者と相談しつつ進めていきたい。 ・引き続き，他児が気になり，押す・玩具をとる・触る等の表現で表している。保育者がなでるところを見せたり，一緒に触れることで，“気になる”という本児の気持ちを受け止めつつ，他児に触れられるようにしていく。

表5-3 週案（個人）個人経過記録 令和○年度0歳児 ○○組 〈5/10～5/15〉

園長		主任		担任	

氏名 サワ ユカ （12か月） 令和○年5月19日生

週のねらい	【生活】もぐもぐとよく噛んで離乳食を食べる。 【遊び】遊びの中で楽しみながら，足の力を使ってみようとする。
保育の内容と子どもの姿	保育者のかかわりと配慮
（健康・安全・情緒の安定） ・足をつっぱったり，他児を見てつかまり立ちをしようとする姿が見られる。	・足元にあるものを片付けたりして，安全面に配慮する。
生活（食事・排泄・着脱・睡眠） ・保育者がモグモグ口を動かすのを見ると，まねてモグモグと口を動かそうとする。 ・ミルクを飲む際に，保育者がミルクを持っていくと，自分から手を出して受け取り，両手で持って飲む。[13/木] ・お腹が空いていたこともあってか，皿に手を伸ばす。小皿に入れると，ゆっくりだが指先でつかみ，手づかみ食べをする。[14/金]	・モグモグ，ズズーなど噛む・すする動作を保育者が実際にして伝える。 ・枕を置いて，飲みやすい体勢で飲めるようにする。 ・手づかみ食べをしたことを喜びながら，スティックや大きく切っているもの等，持ちやすい物を小皿に取りわけ，手づかみ食べをしやすいようにする。
遊び（言語・表現・身体発達） 玩具や保育者とのやりとりを通して，足の力をつかってみようとする。 ・保育者の膝の上に座ると，足を床につけてつっぱり立てる。また，柵を持って腕・足に力を入れ，つかまり立ちをする。[10/月] ・今まではお尻で進んでいたが，進む時に右足を立てて，片足で踏ん張って進んでいる。[11/火] ・座る時に背筋が曲がっており，抱き上げる際にも脇下が柔らかく，力が入っていない。→背筋がないように思う。	玩具で誘ったり，足のマッサージをしたりして，少しずつ足の力を使ってみようとするよう促す。 ・足をつっぱれるようになったことを喜びながら，引き続き，玩具で誘ったり，足のマッサージをしたりして，少しずつ足の力を使ってみようとするよう促したい。 ・背筋が曲がっており，抱き上げる際にも脇下が柔らかく，力が入っていないのが気になる。うつぶせを嫌い，うつぶせで両手・両足を上げる等の姿がなかったので，背筋がついていないのかもしれない。うつぶせで玩具で遊ぶなど，背筋を使えるようにしていきたい。
評価と反省 ・今週に入り，足をつっぱるようになった本児。今まで意欲がなかった分，動く時に意欲的に足を使う姿も見られてきたので，うれしい。しかし，背筋が曲がっているのが気になる。背筋を使う動き・遊び等を考えていきたい。	家庭との連携 ・14日には手づかみ食べが見られ，積極的に食べようとする様子が見られる。うどんはすすれないが，主食（おかゆ，パンのミルク浸し）はスルっと食べられている。主食のみ後期食に進めてみないか保護者に手紙で相談する。また，家庭での離乳食の様子も聞く。[14/金]

表5-4　○○組　記録5月　　記録者：○○

現在の姿（Before）	目標（After）	どのように対応しているか・したか	結果（子どもの姿）
・ハイハイをする場所が少ない	・ハイハイできるスペースをつくる	・柵，ステップマットの階段，ベビーコーナーをのけ，ハイハイをできるスペースをつくった	・ハイハイがしっかりできるようになった ・ステップマット上からのぞくのが楽しくて登る
・食事中，周りが気になりキョロキョロする	・食事に集中できるようにする	・観葉植物を置いて，机と机をしきる 人の出入りを減らす	・観察中
・おもちゃが散乱し，子どもが密集して遊び，とりあいもある	・棚を２か所に分け，２か所で遊べるようにする（棚は同じようなおもちゃ）	・棚を２か所にして，おもちゃも分ける	・子どもが分かれて遊ぶようになった とりあい少し減る
	・室内で十分に遊べるスペースをつくる。	・カーテンやマグネットをつける	・外をみる子がへり，室内でも十分に遊べている
	・観葉植物を増やす	・観葉植物を置く	・雰囲気がよくなった
・食事中バタバタしてしまう	・ボードに食べる順番を書き，皆が見られて，連携できるようにする	・ボードが用意できていないので紙に書く	・「だれからいく？」と保育者がバタバタすることが減った
・動くものを目で追えるものが少ない 天井が高い	・モビールをふやす（天井が高い） ２つつくる	・物品を出す ベビーベッドから見える所へ移動	・ココロが遊ぶ
・狭く感じる	・いらないものをのけ，広くしたい （ベビーコーナー）	・広くなり，開放感がある	・活動の場が狭いから外に出るのではなくて，にぎやかだから出るようになった
・授乳スペースがなく，皆いっせいに遊びのコーナーでのむ（午後）	・人に見てほしくて泣いたりして訴える おやつにつながらない →授乳スペースをつくる（先週～マット置く。昨日～つくる）		・観察中

表5-5　0・1歳児年間指導計画

園目標	心も体もたくましく	保育目標	・思いきり遊べる子　・友達を大切にする子　・自分で決められる子

期	1期（4～5月）		2期（6～8月）
ねらい	・一人一人の生活リズムを大切にし，新しい環境の中でも安心して過ごせるようにする。 ・身の回りのことに興味・関心がもてるように，見る，聞く，触れることを工夫し，穏やかな刺激を与える。		・梅雨期，夏期の保健衛生に留意し，快適な環境の中で過ごせるようにする。 ・体調を把握しながら戸外の自然や水遊びを楽しむとともに水分や休息も十分にとる。
月齢	3～6か月未満	6～9か月未満	9～12か月未満
子どもの発達の現れ	・園生活に慣れてくるとともに目覚めと睡眠のリズムができてくる。 ・一人一人の様子を見ながら離乳が始まる。 ・首がすわり手足の動きが活発になり，玩具に手が伸ばせるようになる。 ・あやすと話しかけたり人を見て笑ったり喃語を発したりする。	・睡眠は午前と午後の1日2回のリズムになる。 ・離乳食に慣れてきてモグモグゴックンができるようになる。 ・寝返りができ，お座りしたり腹ばいで前進したりする。 ・保育者の姿が見えなくなると泣いたり後追いをする。 ・人見知りが始まる。	・睡眠時間が定まってくる。 ・離乳食も進み，いろいろな食材や味を覚える。カミカミゴックンができる。 ・気持ちのままに体が動くようになり，ハイハイやつかまり立ち，伝い歩きが盛んになる。 ・指さしが始まり自分で興味が向いたものを知らせようとする。 ・人見知りが薄れてくる。 ・自分の名前を呼ばれると分かる。
環境構成と援助	・目覚めている時には見る，聞く，体を動かす楽しさを育むため，やさしい声かけと触れ合い遊びを取り入れていく。 ・離乳食は家庭との連絡を密にして，無理のないように進める。 ・遊びを見守り，時には援助していくことで心身の発達を促す。 ・子どもからの発語にていねいに応じ，発語への意欲を高める。 ・衣服を調整し，着せ過ぎに注意し，自然の気温の中で体温調節の力を養っていくようにする。 ・身の回りの世話をする際には，担当の保育者を決めて，同じ人が同じ声で同じ働きができるようにしていく。 ・なめる，噛む，しゃぶるなどをするので，玩具は一人一人の物を用意し衛生を保つ。清潔，安全にも留意する。	・一人一人の生活リズムを把握し，適度に仮眠がとれるように環境を整える。 ・それぞれの段階に合わせた離乳食を用意し，美味しく楽しく食べられるように働きかける。 ・一人一人の発達に合わせた運動遊びに誘い，体を動かす楽しさを共感していく。 ・外気浴や気分転換を兼ねて，積極的に戸外に散歩に出かける。 ・子どもの動きが活発になるので上下に分かれた活動しやすい服装にする。 ・人見知りが始まる時期なので不必要な人の出入りは避け，安心して過ごせる環境を整えていく。また，体とともに気持ちも成長していることの現われなので，優しく受け止めていく。 ・十分にハイハイできる空間をつくっていくと同時に，玩具を自分で手に取りやすい場所に置きハイハイを促す。	・それぞれの生活リズムを把握し，その欲求に応じて静かに眠れる環境を整える。 ・色々な食材に触れ，食べることを楽しめるような雰囲気をつくる。 ・子どもたちの運動遊びを見守り，体を動かせる広い空間を用意する。 ・つかまり立ちや伝い歩きなどをしている足元に玩具がないようにこまめに片付け，事故を未然に防ぐ。 ・誤飲を避けるため，手の届く所に小さな物は置かない。 ・転落や転倒も多い時期なので環境の整備に気を付ける。 ・遊び終えた玩具はその都度片付けていくようにし，一人一人に見せながら行っていく。 ・ハイハイの経験を十分させるための対応をしていく。 ・散歩に積極的に出かけ，外界への関心を広げていく。

・なんでも食べようとする子

3期（9～12月）	4期（1～3月）
・戸外遊びや散歩の時には，やさしい語りかけをして自然に興味・関心がもてるようにする。 ・一人一人に合った全身運動を促し，丈夫な体づくりをする。	・健康状態や体調の変化に留意しながら体を十分に動かし，寒い時期でも元気に過ごす。 ・保育者や友達と楽しくかかわりながら，1歳児クラスへスムーズに進級できるようにする。
1歳～1歳3か月未満	1歳3か月～2歳未満
・午前中に眠らなくても活動できる日が多くなる。 ・2～3歩以上の歩行を始め，伝い歩きや，1人歩きを得意そうにして見せる。 ・離乳食が完了し幼児食を食べるようになりスプーンを持って食べようとする。 ・マンマ，ワンワンなどの一語文が出てくる。 ・手遊びや歌遊びを喜び，リズムに合わせて身体を動かすことを楽しむ。	・午睡が1回となり生活リズムが整うようになる。 ・自我が芽生え始め，身辺自立のための基本動作ができ始める。 ・スプーンやフォークを使い，ほとんど自分で食べるようになる。 ・周りの友達とかかわりをもとうとし，そのためにトラブルも見られるようになる。 ・つもり行動が見られ始める。
・幼児食に近づくとともに，自分でも食べようとする意欲を認め大切にはぐくむ。 ・スプーンの持ち方は，最初は上から握る上手握りを知らせる。 ・伝い歩きや1人歩きの楽しさを受け止め，共感しながら発達を促していく。 ・絵本の読み聞かせや歌を通して発語への意欲を高める。 ・手遊びや歌遊びの中で，保育者との触れ合いを楽しめるようにする。 ・歩行の発達に伴って行動範囲が広がり，探索活動が活発になるので，危険のないように環境を整える。 ・子どもの要求を先取りしないように待ち，うまく表現できない時は子どもの気持ちを察し，相槌を打ったり，言葉で表現してあげ，自分から表現しようとする気持ちを育てていく。 ・子どもたちの言葉にならない思いを言葉にしたりして，子ども同士の気持ちをつないでいくようにする。	・自分で食べようとする意欲が強くなるので，その気持ちを受け止め，自分でできた時にはたくさんほめ，喜びを共感する。 ・トラブルになった時には，お互いの気持ちをくみとり，友達とのかかわりのもち方を知らせていく。 ・言語を盛んに獲得していく時期なので，はっきりとした言葉で接するようにする。 ・1人遊びが十分できるような場を保障し見守っていく。 ・再現遊びが楽しめるような生活用具や玩具を子どもの手が届く所に設置し，数や量にも配慮する。 ・玩具を出し，片付けるまでを1つの遊びとして捉えて，子どもに知らせていく。 ・遊具の組み合わせや遊びを広げられるような場の設定を工夫して，全身を動かして遊べるようにする。

表5－6　未満児組　6月の指導計画　　　　**担当：○○・△△**

前月の子どもの姿	ねらい・内容	予想される活動とそれに対する環境構成	保育者の配慮
・天気が良い日には，自然と水道の所での水遊びが始まり，雨上がりの園庭の水溜りでは，思い切り楽しめている子と泥んこに抵抗があり，傍で見ているだけの子もいた。 ・食後，1人が部屋から出ていくと次々と部屋から出ていき，戸には上靴や裸足のまま外へ出ていく子もいる。 ・2歳児は連れ立って遊ぶ姿も増えてきているが，その分玩具や場所の取り合い等からトラブルに発展することもある。 ・着脱面では，自分でやりたい気持ちが見られる。 ・新入児は比較的眠りが浅く，1時間程で目覚めてしまう。 ・曲をかけると，保育士のまねをしながら楽しむ子もいる。	◎自分の好きな遊びを見つけて楽しむ。 ・気に入った場所や玩具を見つけて1人遊びや，保育士や友達とかかわりながら遊ぶことを楽しむ。 ◎身近な生き物，植物等に興味をもつ。 ・ウサギやカタツムリ等に餌をあげる。 ◎保育士に手伝ってもらいながら，身の回りのことを少しずつしようとする。	＜戸外遊び＞ 砂場／大型三輪車／ブランコ／ボール／ウサギの餌やり／水遊び泥んこ　等 ・水分補給をしやすいように，テラスに水筒を用意しておく。 ・足拭きや個人用のタオルをすぐに使えるようにしておく。 ＜室内遊び＞ コロコロ／ままごと／絵本を見る／トンネルくぐり　等 ・子どもの発達や興味に合わせて，室内の玩具の入れ替えをする。 ＜生活面＞ 所持品の片付け／手洗い／排泄・着替え　等 ・ペーパーを補充する。 ＜その他＞ ダンス／父の日のプレゼントづくり	・天気の良い日には，水遊びが盛んになってくることが考えられるので，体調を見ながら存分に楽しめる時間を設けていく。 ・発達や興味に合わせて，室内の玩具の入れ替えをしたり，必要と思われるものは時間を見つけて作ったりと，子どもたちが遊びたくなる環境を考えていく。 ・友達とかかわって遊ぶことを楽しいと感じられるように，見守ったり，一緒にかかわって遊んでいく。また，玩具の取り合い等のトラブルが発生した時には，お互いの気持ちに触れられるように仲立ちしたり，時には貸し借りや順番を待つことも経験できるようにかかわっていく。 ・行動範囲が広がり，探索活動を楽しんでいる子どもの姿を大切にするとともに，どこでどのようなことに興味を示しているか把握していく。 ・身近な生き物や植物に興味がもてるように，餌をあげたり，水やりを一緒にしていく。 ・2名増えるので，担任間で連携を図りながら子どもたちとかかわり，様子を把握していく。

行事	〈第1週〉 2日　端午の節句を祝う行事＊	〈第2週〉 8日　蟯（ぎょう）虫検査 9日　歯科検診	〈第3週〉 17日　交通教室	〈第4・5週〉 29日　誕生会	反省	

＊この地域では，端午の節句は旧暦で行っている。（筆者注）

表5-7　0・1歳児　6月　指導計画　　担当：○○・△△

	子どもの姿	保育者のかかわりや配慮	今月の姿及びかかわりの反省
○○	・寝ぐずりが始まると身体に触れるのを嫌がるが，見守っていると１人で眠りにつく。 ・おしっこが出た感覚が分かり，１人でパンツを脱ぐ。 ・噛み切れずに出していたものも食べられるようになってきた。 ・言葉数が増えてきている。	・布団の中で絵本を読んだり，本児が安心して眠れる方法で午睡に入っていく。 ・おしこっが出ると「ちっち」とおむつを脱いだり，時にはトイレで成功することもあるので，家庭と連携を取りながら，布パンツへの移行も考えていく。	・ぐずらないで眠り，スッキリ起きる。 ・布パンツへの移行は一進一退。 ・ぬいぐるみをおんぶすることを好む。 ・言葉がはっきりしてきた。 ・食事も全部食べられるようになってきている。
△△	・１人でも色々な場所に出掛けていくようになった。 ・大人のスリッパや靴を履くのがお気に入り。 ・「ちょうだい」「どうぞ」など，聞き取れる言葉が増えてきた。 ・食欲旺盛で，自分が食べ終わっても人の分まで食べたがる。 ・吸い口付のマグマグだが，形状からうまく使いこなせない。	・行動範囲が広がっているので，所在の確認をするとともに危険がないように見守り，十分に探索活動が楽しめるようにしていく。 ・コップを持つ気がないので，一緒にかかわりながら，コップに慣れるようていねいにかかわっていく。	・行動範囲が広がった。 ・滑り台等高い所へも登っていく。 ・午睡中，突然寝ぼけて大泣きすることがある。 ・水遊びが好きでビショ濡れになって遊ぶ。 ・コップで飲めるようになった。
□□	・人見知りもなくスムーズに慣れた。 ・伝い歩きはするが，移動はハイハイ。 ・水道を好み，ハイハイして行きつかまり立ちして水を触っている。 ・音楽がかかると身体を揺らしている。 ・食欲旺盛で好き嫌いなく，よく噛んで食べている。(歯上下２本)	・何でも口に入れてしまうので，室内の掃除や戸外に出た時の石ころなど危険のないように気をつけていく。 ・本児が興味を示したものや場所でのんびり遊べるように，時間や空間を確保していく。	・何でも口に入れてしまう。 ・食べ物の好き嫌いが出てきて，食べたくないものは首を振って拒否する。 ・食事途中で眠くなり，その後長い時間眠る。 ・朝，母親の後追いをするようになり，迎えにくるとてもうれしそうな表情をする。

表5－8　月週指導計画　0・1歳児　6月　うさぎ組

子どもの姿	・登園時に泣く子が見られるが，ほとんどの子が園生活に慣れ，落ち着いて過ごせるようになってきた。 ・散歩や戸外で遊ぶことを喜び，見つけたものを指さしたり，仕草で知らせる。	ねらい	・梅雨期を健康で気持ちよく過ごす。 ・ゆったりとした環境の中で，見たり，触ったり，聞いたりしながら安心して遊ぶことができるようにする。 ・砂，水などに触れ，開放的な遊びをする。
○内容		●主な活動	
○探索遊びや興味をもった遊びをじっくり楽しむ。 ○体を動かして遊ぶことを楽しむ。 ○砂や水に触れて遊ぶことを楽しむ。 ○十分な休息をとり，体調を整える。 ○シャワーや着替えをする。		●室内遊び ボール転がし，つかまり立ち，トンネル，ボールプール，マット，なぐり書き，新聞遊び等 ●デッキに出て遊ぶ コンビカー，ウォーターベッド等 ●手遊び，歌，体操 かたつむり，たなばたさま，かえるの歌，動物体操，ぐるぐるドッカーン，日本昔話体操等 ●戸外遊び スコップ，型抜き，しゃぼん玉を追いかける等	
週の反省	1週（31～5日）	2週（7～12日）	
	砂遊びの際に，裸足になって遊ぶようにした。屋外で裸足になった経験がまだあまりないため，嫌がる子や泣いてしまう子もいるので，そういう子には靴をはかせる，ゴザの上で遊ぶなどの配慮をした。気温の高い日には，月齢や，体調に合わせて，外遊びの時間を調節していくようにする。ウォーターベッドや，水の入ったペットボトルのおもちゃを用意し，見た目にも涼しく，水に対して親しみがもてるようにする。	砂遊びの設定を，朝，できるクラスでするということになっている。朝は，うさぎ組の方が出て行きやすい日が多く，こちらで準備するようになった。準備に出る人が決まってきてしまったので当番制にしたが，まだ思いが伝わらずにいるところもあるので，再度話し合った。遊びでは，コウタ，ナツミがロープをくぐって出てしまうので，目を離さないようにすることを，確認した。 片付けは，うさぎ組でする。	

園長	主任	担任

家庭との連携	・汗をかきやすい時期なので，調節しやすい衣服を多めに用意してもらう。 ・シャワーを始めるので，健康状態に関する連絡は密にとるようにしていく。	月の反省	暑くなってきて，今月からはシャワーをするようになった。ノートの記入がなくて，シャワーができない，ということもあったので，保護者の方に話したり，ノートで知らせるようにした。シャワーが始まると，子どもたちが集まってきてしまい，ベビーカーに乗っているが，待つ時間が長くなってしまうので，年齢の大きい子は遊びに誘うようにしていく。

・環境構成	・配慮事項　☆**保育士間の連携**
・行動範囲も広がるので，安全面に留意しながら，デッキや廊下，戸外など様々な場所で遊べるようにしていく。 ・戸外やデッキに出られないときには，トンネルやマット遊びなどを設定し，体を動かして遊ぶ楽しさが味わえるようにしていく。 ・デッキや保育室でも，水を使った玩具を用意していく。 ・涼しげな雰囲気が味わえるような環境をつくっていく。 ・シャワー，着替えの流れ （図–略–）	☆デッキ，廊下も利用して行動範囲を広くして遊ぶときには，保育士が声を掛け合い，目が届くようにしていく。 ・歩行がしっかりしていない子も多いため，マット遊びやすべり台を利用するときには，特に気をつけ，必ず保育士がそばについて見ていく。 ・砂を口に入れないことを知らせていく。 ・髪の毛をひっぱったり，噛みつきをする子もでてきているので，子ども間の距離をとったり，保育士がそばにつき防いでいく。 ・蒸し暑いので着替えやシャワーをこまめに行い，気持ちよく過ごせるようにしていく。 ☆シャワーや着替えの際には，服を間違えてしまわないように，確認し合っていく。

3週（14～19日）	4週（21～26日）	5週（28～3日）
今週から，どろんこ遊び，シャワーがスタートした。うさぎ組では，砂場近くにゴザを敷き，少ししめった砂を運んでおいて，手や足で触れたり，型抜きを楽しんだ。シャワーでは，顔や頭は手でそっとぬらす程度にした。タオルで体を拭くのと着替えをさせるところが大変になってしまったので，声を掛け合って協力するようにしていく。	どろんこ，シャワーでは，早目に（10:20頃～）小さい子からシャワーを始めて，部屋の中で遊ばせながら，タオルで拭いて着替えさせるという流れができてきた。シャワーができなかった子も汗をかいているので，着替えさせているが，忘れていて，後から着替えをさせることがあった。	シャワーでは，保育士間の連携がよく取れるようになってきたと思う。型抜きを手でくずしたり，泥の水の中を歩いてみる等，泥や砂の感触を味わって遊ぶようになってきている。水の中でも，モモ，ユウ，アイは，お尻をつけて座りこんでしまうので，砂場の端に座らせたり，水で遊ぶときには，保育士が手をつないで，歩く，というようにしていく。

3．指導計画を生かすもの

（1）立案の種類と様式への主体性

長期の指導計画や短期の指導計画として多くの種類がある。個別の指導計画が中心となることの多い0・1歳児に，どういう種類のものを，どのような様式（枠）でつくっていくかは，各保育所の保育の実際の中で考えていってよい。毎日の子どもの記録と組み合わせて，その園で指導計画と呼んでいる場合も見てきた（本章2.（1））。

保護者が基本的には就労しているという家庭の子どもを預かる保育所保育は，その多様な労働形態に応えていくことが，社会的にも近年とみに強く要請されている。自治体によっては「待機児童ゼロ」をスローガンに掲げるところもある。そうした中で，4月は，子どもの人数に対する保育者数が規定通りでスタートしても，途中入所が五月雨式に続き，クラスはいつまでたっても4月状態という話もある。「途中で子どもが増えても，行政は保育者を増やしてくれないので，あちこちでかみつきが起こっても防げず，保護者にいつも謝っている。うちの子もするからお互いさまといってくれる人もいる一方で，『どうして保育の専門の先生がついているのに傷を負わせるのか』といわれることもある。かみつくことはまだ言葉が出ていない子どもが他者とかかわる手段でもあるが，跡が残るなどマイナスの要素が強く，保護者の理解が得られないこともある。保護者に面と向かってはいえないけれど，わが子に傷を負わせたくなければ（子どもを）保育所によこさないでくださいって思わずいいたくなることもある」という保育者の本音は分からなくもない。

このような中で，指導計画をつくり，子どもの姿とすり合わせながら明日の保育を考えていく時間も，話し合う時間も確保が難しくなっている保育現場の現実がある。計画を書くことが，自分の保育にとって，子どもを見直す意味のあるものになるにはどういうものが必要か，どのような形がいいかを含めて，自分（たち）で考え，クラスの状態，労働実態に合わせて変えていってかまわない。子どもの発達の様相の見取りとそれへのかかわりを考えていくために，負担にならずに続けていくことのできるものを考えていくことが大切である。その主体的な保育者の姿勢が，指導計画を通して子どもの主体性を育んでいく。

（2）立案―実施―省察―立案…の循環性の確立

指導計画は立案して終わりではない。立案―実施―省察（反省と評価・話し合い）―改善・立案……という，循環的な行為の中に位置づいているものである。しかし，書かなければならないという負担感や，とにかく書き終わった安堵感でそれっきりになってしまっている場合も見受けられる。

1日の保育が終わった後などに，その日の保育を振り返るにはいくつかのアプローチがある。指導計画や保育記録など記録されたものを通してという場合，同僚との話し合い，提出した指導計画に目を通して疑問点を書き込んで質問したり，気がついた点や励ましを書き込んでくれる園長や主任など，保育経験豊かな先輩のチェック（表5-9太字参照）などがある。日，週，月ごとの案など自分で書いたものを読み直し，その期間の子どもの姿を思い出しながら，自分のかかわりを振り返ることは，自分で自分の保育を少し離れたところから見ることになる。当事者であるので，客観的にとはいかないだろうが，振り返ることで，その時自分がしたとっさの援助が適切であったかどうかが思い返されたり，発達の次のステップへとつながる今必要なかかわりのあり方が見えてくることもある。

ちょっとした雑談で他者の見解に気づかされはっとすることもある。雑談ほど気軽ではないが，園内研修や日々の会議で，気になる子どもの姿について話し合うことで，経験豊富な同僚の先輩保育者の話から気にしなくてもいいことが分かり，ほっとすることもある。これといった特効薬的な改善策はなくても本章2.（1）のように一緒に考えてもらうことで心強いこともある。自分では気づかなかったことを指摘され，どきっとしたり深く反省したりすることもある。どう考えたらいいのかと迷っている場合など，話すことで解放され，それ

表5－9　週案（個人）個人経過記録　令和〇年度　0歳児　〇〇くみ〈6/28～7/3〉

氏名　ただ　さら　（12か月）　令和〇年6月6日生

園長		主任		担任	

週のねらい	（生活）着脱の際，自分で足や腕を抜く。 （遊び）喃語で自分の気持ちを表現する。

保育の内容と子どもの姿	保育者のかかわりと配慮
（健康・安全・情緒の安定） ・(6/28) 中耳炎が治ってきているためか，すっきりした顔をしており歩行も安定してきた。 ・(6/29) 保育士が赤ちゃんを抱くまねをしているのか，それとも落ち着くためか，人形を抱っこしている姿が多く見られる。 ・(7/1) 16:50に赤い便が出る。血便や粘血便とは違う赤さで繊維のようなものが見られる。	・母に中耳炎の様子を聞きながら園でも様子を見る。 ・人形を持ち“ゆりかごのうた”を歌って体を揺らし保育士のまねができるようにする。 ・便の様子を母に詳しく伝える。便を看護師に見せにいく。 ***→見せにいった後どうであったか，を記録しておきましょう。***
生活（食事・排泄・着脱・睡眠） 〇着脱の際，保育士の言葉を聞き，腕や足を自ら動かす姿が見られるようになる。 → (7/1) 保育士が服を上まであげると自ら服を手に取り，腕をあげて服を脱ぐ。また，ズボンも保育士が下までおろすと自らズボンを持ち，右足から足を抜く姿が見られた。 ・(7/1) 着脱の際，保育士が着替えを取りにいっている間，椅子に座って待つ。保育士の姿を目で追いながら待っている。 ・(7/1) 野菜を手づかみで食べる。おなかがすいていたのか，手づかみで食べていることがうれしいのか食べるスピードが速かった。 ***指の使い方も見ていきましょう。***	〇自ら足や手を動かせるように，身体に触れながら言葉をかける。 ・できないところを援助し，自分でしようとする姿が見られたときはさりげなく援助する。服を脱ぐことができたときは認める。 ・着替えを取りにいくことを伝え，子どもと目を合わせながら服を取りにいき，座って待っていたことを認める。 ・本児の前にお皿を置き興味を持ったときに食べられるようにする。スピードが速かったため，ゆっくりと“もぐもぐ”と言葉をかけ，しっかり噛んで食べるようにする。
遊び（言語・表現・身体発達）―省略―	

評価と反省	家庭との連携
着脱の面で，自ら体を動かし脱ごうとする姿が目立つようになった。途中まで援助すると，最後は本児自身が脱ぎ，保育士がそれを認めると喜んだ表情を見せた。着ることはまだ難しいようなので，まずは脱ぐことから少しずつ援助する部分を減らしていき，様子を見ていきたい。表現の面では，自己主張が目立つようになってきた。自分のしたいことを妨げられた際の泣き声は大きい。本児の気持ちを言葉にして受け止めながら，本児のしたいことは何なのかを考え，本児のしたい気持ちを妨げないようにしたい。 ***細かいところをよく見ていますね。子どものちょっとした変化に目を向け対応していくことが大切ですね。子どもの成長に合わせた担任のかかわりがうれしいです。***	7/1に赤い便が出たため母親に便について細かく説明をする。翌日，“スモモを食べました”ということを聞き，赤い便の原因が分かった。病気ではなく良かったと母親と降園の際に話をする。七夕の短冊の提出と同時に，七夕の飾りを作ってくださる。感謝の気持ちを伝え，笹に飾らせていただくことをお伝えする。

コラム　乳児の安全（事故）について

子どもが園で安全に過ごせることは保育の大前提である。保育というのは，そこで遊びも就寝もするという生活まるごとで，監督義務の範囲が広い[1)]。松野（2015）[2)]は，子どもの遊びには元来，危険が内在しているとする。だからこそ事故防止の問題は，リスクをどこまで予測・許容し，マネジメントするかが重要な課題であるという認識を示している。しかし，「安全教育は，けがひとつしない子どもを育てること」ではない。「生傷が絶えなくとも，子どもには積極的に遊びや運動を展開させ，多くの体験をさせることによって心豊かでたくましい体に鍛えるとともに，自分で安全に行動できる能力を身につけさせることが大切」で，「安全に行動できる能力の高い子どもは，その年齢での発達に必要な条件，すなわち，遊びが十分満たされて」いる。「安全指導の基本としては，日常生活の中で子どもに多く体験をさせ，実践的な指導をすることが重要」とする[3)]。

「体操，水泳，サッカーなどの習い事に取り組むことは，活発にからだを動かす機会となります。しかし，遊びではなく特定の運動ばかり行うとしたら，多様な動きを身に付けていくことには適していませんし，自発的な遊びにもつながらない可能性があります。幼児期に様々な運動（遊び）をする大切さは，単に活動する機会を与えればよいのではなく，幼児が興味をもって遊びに自発的に関われるかどうかも重要です。また，発育期の幼児にとって適切ではない頻度や強度の運動を行うことは，使い過ぎによるケガを起こす引き金となります」[4)]。こうしたことを見すえて，乳児期の過ごし方を考えたいものである。

（ある園の取り組みより）

までと違った気分で保育に臨めることもあり，結果的に子どもにプラスになることもある。そうしたことも省察の1つである。このようなことは，年長の保育者から若い保育者へという方向に限ることではない。養成校を出たばかりの純粋に理想の保育を追い求める熱意や，経験年数の浅さなどから園の日常に感じる素朴な疑問が，先輩の保育者に「いつの間にか保育がマンネリ化している」などと気づかせることもある。どういう形であっても，他者の見解とクロスすることが，自分の保育を見直してみることになり，次の立案を促していく。

まとめの課題

1．保育所保育指針第1章総則1(1)保育所の役割イの理解を，特に同解説【家庭との連携】【養護と教育の一体性】について確認しておこう。
2．0・1歳児に起こりそうな事故にはどんなものが考えられるか書き出してみよう。そして，どのようにしたらその事故を防げるか考えてみよう。
3．ひっかきやかみつきなど，小さな傷やけがが起こった場合の子どもへの対応，保護者への対応を保育者として考えてみよう。

引用文献

1）増田隆男：保育所・幼稚園で事故が起きたとき―対応と安全管理，かもがわ出版，2004，pp.33-36
2）松野敬子：子どもの遊び場のリスクマネジメント―遊具の事故低減と安全管理，ミネルヴァ書房，2015
3）齋藤歆能：子どもの安全を考える　事故・災害の予防から危機管理まで，フレーベル館，2004，pp.3－4，pp.86-87
4）日本スポーツ協会：幼児期における身体活動・運動の意義，p.14，https://www.japan-sports.or.jp/Portals/0/data0/publish/pdf/youjiki_2.pdf（2023年4月閲覧）.

＊本章に掲載した指導計画は，以下の園で実際に作成・使用されているものをもとに，個人情報に配慮してつくり直したものである。貴重な資料をお貸しくださったご協力に心より感謝申し上げる。
カナン子育てプラザ21（香川県善通寺市）
市立さくら保育園，市立作野保育園（愛知県安城市）
町立三星保育園（静岡県川根本町）（五十音順）

第6章 乳児と3歳未満児の指導計画立案の実際

予習課題

1．幼稚園教育要領，保育所保育指針，幼保連携型認定こども園教育・保育要領に出てきた新用語について整理してみよう。
・資質・能力（教育のキーワード）
・主体的・対話的で深い学び
・カリキュラム・マネジメント
2．いろいろな保育の計画について整理してみよう。
3．保育の計画と保育実践の関係をイメージしてみよう。

1．はじめに

この章では，2017年に改定[*1]された幼稚園教育要領（以下，要領），保育所保育指針（以下，指針），幼保連携型認定こども園教育・保育要領（以下，教育・保育要領）をふまえ，保育の指導計画立案の実際について考えていく。

2017年改定の大きな特徴は，要領では前文に表れている。同様に指針では第1章総則　2「養護に関する基本的事項」，および4「幼児教育を行う施設と

＊1　改訂・改定については，時代の変化や他の法令の制定等により記述が変更になった場合は「改定」，既存の文書に修正や訂正が必要になった場合は「改訂」が使われる。今回，保育所保育指針は「改定」，幼稚園教育要領と認定こども園要領では「改訂」が使われる。今回はかなり大きな変更内容が含まれることもあり，本章では便宜上「改定」と表記する。

して共有すべき事項」に，教育・保育要領では第1章総則第1の1「幼保連携型認定こども園における教育及び保育の基本及び目標等」において幼児期の教育の見方・考え方が示されている。また，要領，教育・保育要領に「主体的・対話的で深い学び」「カリキュラム・マネジメント」という用語が加えられた（指針には法的な規制のために入らなかったが，そのコンセプトは共有される）。さらに，小学校就学の始期に達するまで努力すべき目当てとする，「育みたい資質・能力」と「幼児期の終わりまでに育ってほしい姿」は3歳未満児の保育にも当てはまるとされた。

この「資質・能力」「幼児期までに育ってほしい姿」はそれぞれの法令において共有され，幼児期の教育・保育が高等学校に至る学びの基礎と位置づけられていることが注目される。

保育所の保育の目標は，「子どもが現在を最も良く生き，望ましい未来をつくり出す力の基礎を培う」と謳われている（保育所保育指針第1章総則1「保育所保育に関する基本原則」（2）ア）。同様に，教育・保育要領では「生きる力の基礎を育成するよう認定こども園法第9条に規定する幼保連携型認定こどもの園の教育及び保育の目標の達成に務めなければならない（中略）義務教育及びその後の教育の基礎を培うとともに，子どもの最善の利益を考慮しつつ，その生活を保障し，保護者と共に園児を心身ともに健やかに育成する」と記されている（第1章総則第1「幼保連携型認定こども園における教育及び保育の基本及び目標等」2　幼保連携型認定こども園における教育及び保育の目標）。

このように，保育所，幼保連携型認定こども園（以下，本章では認定こども園と記す）[*2]は子どもが保育者の援助を受けながら一緒に生活し，様々な経験や遊びを通して学び，子どもと大人（保育者）がお互いに刺激を受けながら共に育つ場である。

生後57日目の産休明けから小学校入学前の6歳まで，幅広い年齢の子ども

＊2　本章では保育所，幼保連携型認定こども園を同列に扱うこととし，主に幼保連携型認定こども園教育・保育要領に準拠して記述している。

が，親元から離れ朝早くから夕方遅くまで長い時間，生活している。また，一時預かり事業のようにごく短時間や短期間の受け入れ，子育て支援の一環としての園庭開放など，地域の親子が一緒に過ごす姿が保育所，認定こども園内に見られるのも最近の特徴である。

さらに，保育所，認定こども園は地域の子どもの育ちの土壌として，保護者の子育ての止まり木としてあることがさらに求められる傾向にある。

そのような保育の現場では，子どもと保育者が生き生きとした園生活を送ることができるよう，様々な保育の計画が立てられている。生きた保育現場を支える保育の計画をどのように立案しているかについて，全体的な計画と指導計画の関係について見ていこう。

2．全体的な計画と指導計画

2017年の改定では幼稚園の「教育課程」と同様である保育所の「保育課程」が，認定こども園とともに「全体的な計画」と改称された。

保育所保育の第一の特性は「養護と教育を一体的に行うこと」であり，認定こども園では「教育と保育を一体的に提供する」と記されている。それぞれの法律における「養護」「教育」「保育」の意味をふまえながら保育の計画立案が求められる。以下，全体的な計画と指導計画立案の際の留意点について，(1)園の生活の全体像を示す，(2)保育者の願いを一緒に紡ぐ，について見ていこう。

（1）園の生活の全体像を示す

全体的な計画は，発達過程に沿ったねらいと内容，保育者の願いを，子どもの生活全体を通してどのようにデザインし組み立てているかを表し，子どもの心情・意欲・態度を育んでいくための様々な視点で組み立てられている。

表6-1はA認定こども園の例である。全体的な計画は保育所，認定こども園の保育の根幹となり，それをもとに年，期，月を単位とした長期の指導計画

表6－1　全体的な計画　幼保連携型A認定こども園

保育理念	一人ひとりの子どもが，今を生きることに喜びを感じ，心身共に健やかで「育つ幸せ」を実現する
教育・保育方針	・遊びを中心とした生活の中で望ましい環境構成や援助の在り方を探りながら，しなやかな心と体を育むことに務める ・園児の実態に応じ，保育者の特性と協力を通した指導体制の工夫に努める ・子どもを中心として，インクルーシブな空間の構築を目指し，子ども，保護者，地域の人々，職員が共に学び育ち合う関係を目指す
保育目標	・人間形成の基礎を培う乳幼児期の「今を充実し未来に向かう力」を育てる ・自然に学び感謝する　・創造的に生きる　・仲間と共に育つ

◎　1号認定：　教育標準　9：00～13：00
◎　2．3号認定：　基本保育時間　　保育標準時間　7：00～18：00　　保育短時間　9：00～17：00　　＊延長保育　18：00～20：00

教育及び保育の基本及び目標	教育及び保育において育みたい資質・能力	家庭との連携
園における生活を通して，生きる力の基礎を育成する。園児との信頼関係を十分に築き，一人一人の特性や発達課題に応じた環境を構成し，遊びのカリキュラム・マネジメントを通して行う	3つの資質・能力，「知識及び技能の基礎」「思考力，判断力，表現力の基礎」「学びに向かう力，人間性等」を一体的に育むよう努める 園児の発達に即して，主体的・対話的で深い学びが実現するようにするとともに，教育及び保育のそれぞれの領域のねらい及び内容に基づく多様な体験を通して全体的に育むものである	園児一人ひとりの生活を豊かにするために家庭との連携を密に図る。家庭調書等による状況把握，入園のしおり，ホームページ等で園の情報提供と互いの情報を共有する。教育及び保育の全体的な計画，園便り，クラス便り，連絡帳等で保育の説明を行っていく
健康支援	**食育の推進**	**衛生，安全管理，環境**
・健康及び発育状況の定期的，継続的把握 ・年2回の嘱託医による健康診断（内科・歯科） ・登園時及び保育中の状態の観察，異常が認められた時の適切な対応 ・アレルギー児への対応	・自園調理による栄養バランスを考えたオリジナル献立 ・原材料からの調理を基本にする ・季節と日本の伝統文化を加味した行事食の提供 ・3歳以上児は年齢発達を踏まえた配膳方法とバイキング方式 ・調理体験，畑での活動 ・アレルギー児への対応	・感染予防対策のマニュアルに基づいた実施と保護者への情報の提供と共有 ・子ども及び職員の清潔保持 ・学校薬剤師による園内各種環境調査 ・毎月の避難訓練，消火訓練（火災，地震，不審者対応）実施 ・年2回の消防設備の点検（外部業者） ・室内外の設備用具の自主点検と清掃，消毒

養護	年齢	0歳児	1歳児	2歳児
	生命の保持	生理的欲求の充実を図る	生活リズムの形成を促す	適度な運動と休息の充実
	情緒の安定	応答的な関わりと情緒的な絆の形成	応答的なやりとりによる愛着の形成	自我の育ちへの受容と共感

ねらい及び内容・配慮事項

教育及び保育	乳児保育	乳児保育	5領域	1歳児保育	2歳児保育
	健やかに伸び伸びと育つ	・身体機能の発達 ・食事，睡眠等の生活リズム感覚の芽生え	健康	・歩行の確立による行動範囲の拡大 ・危険回避の基礎的経験をする	・運動・指先機能の発達 ・食事や午睡，遊びと休息，便器での排泄等の生活のリズムが形成される
			人間関係	・周囲の人への興味・関心の広がり	・自己主張の表出 ・友だちとの関わりの増大 ・思い通りにならないことの葛藤経験
	身近な人と気持ちが通じ合う	・特定の大人との深い関わりによる愛着心の形成 ・喃語の育みと応答による言葉の芽生え	環境	・身近な環境に親しみを持ち，さまざまなものに興味や関心を持つ	・自然事象への積極的な関わり 自然の大きさ，美しさ，不思議さの気づき ・探究心の芽生え
			言葉	・言葉の獲得・話はじめ	・言葉のやりとりの楽しさ ・日常の挨拶への親しみ
	身近なものと関わり感性が育つ	・身近な環境に興味を持つ ・身体の諸感覚による認識が豊かになり，表情や手足，体の動きなどで表現する	表現	・感じたことや考えたことを自分なりに表現することを通して，感性や表現力を養い，創造性を豊かにする ・色々な素材を楽しむ	・自由な表現と豊かな感性の育ち ・感動体験を伝え合う楽しさ ・簡単な合奏の楽しさを知る

子どもの教育及び保育目標	0歳児	生理的欲求に即しつつ個々の生活リズムを整え，基本的生活習慣を養う
	1歳児	保育者との安心できる関係の中で，体や心の探究しようとする行動を通して自立への芽生えが生じる
	2歳児	備わってきた身体機能と言葉の獲得と共に育つ象徴機能を表現し広げる 自己表出がより明確になる
	3歳児	友だちや保育者との生活の中で，色々なことに興味を持ち，試し楽しむ
	4歳児	生活と遊びの中で感じたこと考えたことを，友だちと伝え合い表現することを楽しみ進めていく
	5歳児	仲間と共通の目的を持ち積極的に遊びを進め，感じたこと考えたことを伝えあう楽しさ充実感を味わう

小学校への接続・連携	幼児期の終わりまでに育ってほしい姿	特に配慮すべき事項 / 発達の連続性と養護
地区教育機関連携協議会での関係を軸に行っていく 行事での交流に留まらず，相互の教育・保育内容の職員間の情報交換を密に行う 5歳児の保育公開，学校交流授業の提案など	乳幼児期にふさわしい生活を通して，創造的な思考や主体的な生活態度，非認知的能力（社会情動的スキル）の基礎を培う。小学校以降の教育の連続性を考慮し，達成すべき目当てとして10の姿（視点）をふまえる	・3歳未満児への個への配慮，3歳以上児は集団と個の教育が相互に作用していくことや，異年齢の関わりから生まれる心の育ちを大事にしていく ・特別な配慮を必要とする子どもの保育については，園全体で連携し共通理解を深めていく

子育て支援	地域とのつながり	災害への備え
・保護者支援……保護者との連携 保育教育参観の実施 園だより，クラスだより発行，個々の記録の開示 子どもの成長を互いに伝え合い確認し，子どもの世界を共有し合う ・保護者との協同による園内外庭の環境つくり ・行事への参画 ・一時保育事業の実施（定期利用·不定期利用） ・育児相談 ・地域子育て支援センターの実施（委託事業） ・関係機関との連携を図る 保健センター　療育センター　児童相談所 ・学校（地区教育機関連携協議会） ・主任児童委員（民生委員）	・隣接する神社・町内会との交流 ・地域の学校との交流 小学生街探険 中学生職場体験 ・ボランティアの人々との交流 ・熟年者ボランティアグループ ・自然体験の指導 ・草刈り，遊具の補修等 ・ピアノ，フルート演奏などの音楽ボランティア ・映像の記録ボランティア ・小学生の夏休みボランティア	・避難訓練　毎月1回（火災・地震　不審者） ・消火訓練の実施 ・被災時における対応と備蓄 ・消防設備点検　年2回（外部業者） ・広域災害における，B小学校との連携 ・町内会との合同避難訓練

3歳児	4歳児	5歳児	小学校以上への接続について注力する点
健康的な生活習慣の形成	運動と休息のバランスと調和を図る	健康・安全への意識の向上	接続期の教育および保育を工夫し，子どもたちが小学校以降の生活や学習にスムースに臨めるように，小学校の教師との意見交換などの機会を設ける
主体性と自己肯定感の育成	他者の存在を意識する	心身の調和と安定及び自己抑制の育成	

5領域	3歳児教育・保育	4歳児教育・保育	5歳児教育・保育
健康	意欲的な活動 基本的な生活習慣の確立	健康への関心が高まる 体全体への協応運動	・健康増進とそれを具体化する取組への理解 ・安全で安定感のある行動
人間関係	・自分でしようとする意志の形成と簡単な手順の理解 ・道徳性の芽生えと並行遊びの充実	仲間とのつながりが広がる 相手の思いへの気づきと共感性の深まり	社会性の確立と自立心の育成 ・自分で考え自分で行動 ・友だちと思いの共感
環境	・身近な環境への積極的な関わり ・身近なものを大切にする	・社会事象や自然現象への関心が高まる ・工夫して遊ぶ楽しさ	・就学への関心の高まり ・社会事象や自然現象へのさらなる関心の高まりと生活への取り入れ ・物の性質や仕組みへの興味と関心が高まる
言葉	・言葉の面白さ，楽しさへの気づき ・生活の中での必要な言葉と理解と使用	・伝える力，聞く力の獲得 ・絵本や物語への親しみ ・お話し物語への要約力の醸成	・文字や数字の獲得による遊びの発展 ・体験によるイメージや言葉の広がり ・会話力の醸成 ・言葉のニュアンスへの興味醸成
表現	・自由な表現と豊かな感性の育ち ・感動体験を伝え合う楽しさ ・簡単な合奏の楽しさを知る	・豊かな感性による表現，心を動かす出来事による想像力と感性の育ち ・音楽表現における全体への調和の意識づけ	ダイナミックな表現や繊細な表現 感動の共有 ・体験を通した表現 ・音楽の曲想を意識した表現の体現

幼児期の終わりまでに育ってほしい姿10の姿
ア　健康な心と体 イ　自立心 ウ　協同性 エ　道徳性・規範意識の芽生え オ　社会生活との関わり カ　思考力の芽生え キ　自然との関わり・生命尊重 ク　数量や図形，標識や文字などへの関心・感覚 ケ　言葉による伝え合い コ　豊かな感性と表現

研修計画	自己評価
・教育・保育要領対応の研修 ・キャリアアップ研修 ・園内研修 内部講師（職員）による相互の研鑽 ・大学との連携：研修会の実施と実践への反映	・第三者評価 ・法人による適切な運営管理の評価 ・こども園の評価 保育教諭の自己評価

と，週案，日案などの短期の指導計画や，特別な配慮を必要とする子どもや3歳未満児の「個別的な指導計画」などが作成される。その他，食育計画・保健計画・防災計画など各種の計画の基礎になる。

また，全体的な計画および各種の指導計画は，子どもの発達に沿った育ちの予測であるから，子どもの状況と照らし合わせながら柔軟に対応させることが望ましい。またこれらは，日々の保育の省察（反省・評価）が積み重なって，再び長期の指導計画に反映させ検討されるもので，常に循環し生きているといってよいものである。たとえ全体的な計画のような保育の根幹となる計画であっても，大きな社会の変化にともなって，編成し直すことが必要な場合もある。その策定に際してはさらに3つの視点が留意される。

1）個々の発達の特性をふまえる―一般的な発達に沿って―

子どもは自らもっている「育とうとする力」を軸に，環境とのかかわりや大人の援助により成長していく。1人で歩けるようになることや，離乳食から大人と同じような食事をスプーンやフォークを使って，やがては箸を持って1人で食べられるようになる。おむつがはずれ1人でトイレに行けるようになる。その発達の過程には道筋があり，おおむね共通している。

月齢が低いほど発達の道筋は決まっていて，多少の違いはあっても大きく変わることはない。その発達に必要な経験を，どの時期にどのようなペースで踏んでいくことが好ましいのか，子どもの育ちを見取り，成長・発達の過程で，今どの時期にいるのか，その時に育とうとしているものは何か，ここから発達課題を知ることができる。そのことを軸として，環境の構成，保育者の援助によって保育が進められる。

発達を見るときに考えなければならないのは，発達とは，身体が大きくなり，何かができるようになるといった，目に見えることにとらわれがちなことである。「できる」ようになることを1つの発達の道筋の目安としながらも，大切なのは，その過程において，子どもが何を感じ，どのように思っているかなど，形には表れない内面の成長や，その過程を非認知能力（社会情動的スキル）の発達として見ていくことである。

2）地域の実態を考慮して

保育所，認定こども園は，その設置されている地域や保護者の就労の仕方，家庭の状況などにも大きな違いがある。これらの背景を考慮し，かつ子ども一人ひとりの違いや個性に目を向けながら「全体的な計画」の基本理念に沿って各種の指導計画を作成することで，保育所，認定こども園として地域の実態をふまえた保育方針を打ち出していくことが求められている。

例えば，住宅の高層化や保護者の就労時間の長時間化など，子どもの生活環境の変化は著しい。中でも長時間，保育所・認定こども園にいる子どもにとって，家族の中で生活者として存在することが少なく，そのため生活の実体験が貧弱になっている面があると考えられる。そのような時は，保育に掃除や調理の体験などを意図的に取り入れるなど，自ら生活に必要な事柄にかかわることで，生きることを実感し楽しめる体験が必要になるだろう。

また，都市部や山間部といった地域の違いにかかわらず，移動のほとんどが自動車や自転車であったり，家での遊びはゲームにかかわることも少なくない。たとえ自然に恵まれた地域であっても，保育の計画の中に，その自然に向き合い自然の様々な不思議に触れながら，そのいとなみを科学する心を育む内容や，地域で伝承されてきた文化を経験する遊びなどが盛り込まれることが必要になるだろう。

このように全体的な計画には，地域の違いや目の前の子どもの生活の実際や保護者の思いを知ることで，そこに寄り添おうとする「保育者の願い」や「保育のありよう」が，保育所，認定こども園での生活の全体像として映し出される。

3）子どもや家庭の状況，保護者の意向をふまえて

親は皆わが子が健やかに育ってほしいと願っているはずである。しかし今日，育児不安や虐待など，子育てをめぐる社会的な問題がクローズアップされているように，子どもを育てる環境は決して穏やかとはいえない。

保育所，認定こども園で子どもたちが健康な生活を送るために，家庭での健康で安定した生活がもととなる。また，保育者には子どもの育つ姿の素晴らし

さを保護者に伝え，保護者とともに喜び合える関係を築いていく努力が求められる。

保育所，認定こども園で過ごす子どもの時間は様々で，7時～18時の間において4～11時間と大きく違う。延長保育を利用すると13時間となる。平日は保育所，認定こども園で過ごし，休日保育を実施している保育所に行く子もいる。

このように，家庭での就寝時間や起床時間，朝食の時間等，子どもたちの生活リズムに大きな違いが見られる。保育者は子どもの24時間の生活を見すえて，望ましい保育を考えていくものであるが，多くの子どもたちが一緒にいる場として，それが困難な面もある。しかし，困難なことであっても，配慮されるべきことであれば，保育所，認定こども園全体での取り組みが必要となる。

また，月年齢などの発達の過程を十分考慮しながらも，家庭で過ごした日との状況による違いや個人差が大きいことも配慮しなければならない。家庭との協力や話し合いが大切なことはいうまでもないが，子ども自身や保護者の生活の仕方など個人の問題としてだけでなく，家庭の背景にある様々な社会的背景をふまえておくことも必要になる。そういった場合，保護者と，どのような生活の工夫があるのか，保育所，認定こども園ではどのように配慮し，子どもにとってふさわしい生活リズムをつくり出す手立てになるのかを，一緒に考える必要がある。

（2）保育者の願いを一緒に紡ぐ

これまで述べてきたように全体的な計画が園の生活の担う太い幹とすれば，様々な指導計画は，枝葉として位置づけられよう。さらに発達，個人差，地域の特性や家庭の状況を考慮し作成されるが，保育者自身がそこに何を大事と思いどのような願いをもって，保育を行うかを表すことを忘れてはならない。

子どもから，保育の先人が築いてきた理論から，保護者，同僚，また保育者自身の育つ過程や環境も含めて，これまで蓄積されてきた保育的な知識から子どもの育ちへの願いを一緒に紡いでいくことが，生きた保育の計画となるはずである。そのような保育の工夫について望月威征は次のように述べている。

> 子どもの主体的な育ちを支える役割をもつ保育者は，子どもがより良く育つような願いを持って，目の前のそれぞれの子どもとかかわる存在です。保育カリキュラムはそうした願いをもつ保育者自身が取り組もうとする保育の具体的なイメージ，構想として捉えることも出来ます。それが自覚化されない場合でも，願いとイメージは保育者の身についたものとして，保育の展開を支えているのです。
>
> またそれらの願いやイメージは論理的な試行や学習によって形成されることもありますが，多くの場合，個々人の経験の積み重ねの中で感覚として形成されているために，他者に説明することが難しいのです。その場の状況によって直感的に自分の行為を決定するので，事前にその行為を検討することも不可能です。しかし，保育がきわめて一回性の高い，つまり同じ状況や場面が再現されることのない生身の人間同士としての営み（傍点筆者）である以上，それぞれの場面での保育者の感覚的な動きに注目する必要があります。具体的保育行為はそれぞれの保育者の感覚で決定されることが多いとすれば，人間の生活や保育に関する保育者の感覚こそが保育のあり方を導きだす保育カリキュラムとして機能していることになります（望月，2007，p.127）[1]。

園の生活において，生身の人間同士の一瞬ごとのかかわりのカリキュラム・マネジメントを通して，計画をより息づいたものに立案修正していく実際について，年間の指導計画との関連について見ていこう。

3．年間の指導計画と実践への位置づけ

本章では3歳未満児の月齢の幅をどのように捉え，指導計画をどのように捉えるのか，子どものリアルな姿を捉えるための柔軟な思考が必要であると考える。表6-2はA認定こども園の1歳児クラスの年間指導計画である。1歳児クラスは4月の時点で1歳0か月から2歳0か月の園児が在籍する。したがっ

表6－2　1歳児　○○組　年間指導計画

年間目標	・生理的欲求や甘えなどが満たされるなかで，情緒が安定する ・安心できる保育者との関係のもとで生活の流れがわかり，自分でやってみようとする気持ちが芽生える ・のびのびと身体を使ってあそぶなかで，歩行が完成する ・保育者との安定したかかわりのなかで探索活動や一人あそびを十分に楽しみ，さまざまなものへ興味・関心を持つ。次第に，他児と一緒にいることや保育者を仲立ちとして一緒にあそぶことを体験するなかで喜びを感じ，他者への関心を広げていく ・保育者や他児とのやりとりを通してさまざまな言葉を覚え，言葉やしぐさで自分の気持ちを表現したり，言葉を使ったりすることを楽しむ ・自我が芽生え，自己主張をする			
	Ⅰ期（4～5月）	Ⅱ期（6～8月）	Ⅲ期（9～12月）	Ⅳ期（1～3月）
ねらい	・生活リズムが整い，甘えや不安を受け止めてもらうなかで，情緒が安定する ・ゆったりとした雰囲気のなかで新しい環境に少しずつ慣れ，安心して過ごす ・安心できる保育者に見守られながら好きな遊びを楽しむ ・園庭で自然にふれて楽しむ	・梅雨や暑い時期を心地よく過ごす（室内の温度・湿度の調整，衣服の調節，水分補給など） ・自分の好きな場所へ行くことを喜び，保育者と一緒にあそんだり，じっくりと一人あそびを楽しんだりする ・簡単な身のまわりのことに興味を持ち，自分でしようとする気持ちが芽生える ・水や砂，土などさまざまな感触を味わい，夏のあそびに興味を持つ	・朝夕の気温の変化があるなかで，健康に過ごす ・保育者に手伝ってもらいながら食事や排泄，着脱など身のまわりのことを自分でやってみようとする ・戸外あそびや散歩で歩いたり走ったりして，身体を十分に使って楽しむ ・秋の自然のなかで保育者と一緒に発見したり，自然物にふれたりしてあそぶ（落ち葉，虫，石など）	・寒い時期を元気に過ごす ・安全面に配慮しながら，身体全体を使ってあそぶ ・生活の流れがわかってきて，保育者に見守られながら簡単な身のまわりのことを自分でしようとする ・保育者を仲立ちとし，気の合う他児と一緒にあそぶ楽しさを味わう ・冬ならではの自然（氷，霜柱，雪など）に興味を持ち，保育者や他児と一緒にふれあいながらあそぶ ・保育者を仲立ちとして生活や絵本の再現あそびを楽しみながら，簡単な言葉のやりとりをする
養護（生命の保持・情緒の安定）	・やさしく声をかけたり思いを受けとめたりしながら，新しい環境や保育者に慣れて安心して過ごせるようにする ・新型コロナウイルス感染症対策を徹底していく	・シャワーや着替えをして清潔にすると共に，水分補給や快適な室温を保つよう配慮して，健康に過ごせるようにする ・生活リズムが整い，一定時間眠れるようになる	・気温差に配慮しながら一人ひとりの体調に合わせて衣服の調節を行う ・鼻水が出ているときはこまめに拭き清潔にするなど，快適に過ごせるようにする	・室内の温度や湿度，換気に留意し，健康管理をして感染症予防に努める ・安全面に配慮しながら，子どものやりたい気持ちを満たしていく

	1歳　　　1歳3か月	1歳6か月　　　2歳	2歳6か月　　　2歳11か月
発達課題	・離乳の完了 ・歩行 →まわりの人や物に興味を示し，探索活動が活発になる ・言葉 →身近な大人との関係のなかで，自分の意思や欲求を身振りなどで伝えようとし，大人から自分に向けられた気持ちや簡単な言葉がわかるようになる	・歩行確立と探索活動 →歩き始め，手を使い，言葉を話すようになることにより，身近な人や身のまわりのものに自発的に働きかけていく →歩く，押す，つまむ，めくるなど環境に働きかける意欲が一層高まる ・言葉 →大人の言うことがわかるようになり，自分の意思を親しい大人に伝えたいという欲求が高まる →指さし，身振り，片言などを盛んに行うようになり，二語文を話し始める ・他児への関心 →玩具等を使って再現あそびをするなどの象徴機能が発達する	・全身・微細運動のコントロール →歩く，走る，跳ぶなど基本的な運動機能や指先の機能の発達 →食事，衣類の着脱などを自分でしようとする。排泄の自立のための身体機能も整ってくる ・言葉の増加 →発声が明瞭になり，語彙も著しく増加し，自分の意思や欲求を言葉で表出できるようになる ・自我の芽生え →行動範囲が広がり探索活動が盛んになるなか，強く自己主張する姿が見られるようになる ・模倣ごっこあそび →盛んに模倣し，物事の間の共通性を見出すことができるようになると共に，象徴機能の発達により大人と一緒に簡単なごっこあそびを楽しむようになる

保育内容（健康・人間関係・環境・言葉・表現）	食事	・保育者に食べさせてもらったり手づかみやスプーンを使ったりして食べようとする ・さまざまな食材を食べようとする ・噛んで食べようとする	→ ・保育者をまねてあいさつをする	・スプーンを持ち，こぼしながらも一人で食べようとする	→ ・保育者と一緒に食前，食後のあいさつをする ・よく噛んで食べる	・ほとんどこぼさずに食べられるようになる
	排泄	・嫌がらずにおむつを取り替えてもらう		・おむつが汚れると，しぐさや簡単な言葉で知らせる ・おむつがぬれていない時には便器に座ると排尿することもある	・尿意，便意を感じると，しぐさや言葉で知らせる ・排尿間隔が一定になり，トイレで排尿するようになる ・保育者に拭いてもらう	・自分から，あるいは促されてトイレで排尿する ・保育者の少しの助けで紙を使い，水を流す
	着脱	・衣服を替えてもらう時，自分で足や手を通そうとする		・自分で脱いだり，履いたりする		・ボタンやスナップなど外したりはめたりしようとする
	睡眠	・昼間の睡眠が徐々に一回になる ・保育者についてもらい安心して眠る	・一定時間眠るようになる	・自分の布団がわかり眠ろうとする		・機嫌よく目覚める
	清潔	・嫌がらずに手や顔を拭いたり洗ってもらったりする ・鼻汁を拭いてもらう	・保育者と一緒に手を洗う ・鼻汁が出たら知らせる時もある		・手が汚れたら自分で洗いに行く ・鼻汁を拭こうとする	
		・名前を呼ばれたら振り向いたり，身振りや返事をしたりして応える ・好きな保育者を求め，保育者がいることを確かめながらあそぶ ・這ったり伝い歩きをしたり，自由に歩きまわったりしながら，興味を持ったものをいじったりしてあそぶ ・さまざまな心地よい音や音楽を聴いて身体を動かす	・やって欲しいことを身振りや一語文で伝える ・三輪車や段差をまたぐ，くぐる，登り降りする，押す，引っぱるなど全身を使ったあそびをする ・保育者と一緒にうたおうとしたり，手あそびをしたりと身体を動かしてあそぶ	・好きな絵本を読んでもらったり保育者に話しかけられたりを喜び，「ワンワン」「マンマ」などの一語文を話す ・他児に関心を持ち，見たりふれたりしてかかわろうとする	・絵本のなかのくり返しの言葉を模倣して楽しむ ・他児を意識し同じあそびをしたり手をつないだりして，一緒にあそぼうとする ・登る，降りる，跳ぶ，くぐる，押す，引っぱるなど全身を使ったあそびや，たたく，摘む，転がすなど手や指を使うあそびを楽しむ ・歌をうたったりリズムに合わせて身体を動かしたりしてあそぶ	・保育者と一緒に絵本を見ながら，簡単な言葉のくり返しや模倣をしてあそぶ ・保育者が仲立ちとなり，他児とごっこあそびをする ・走ったり追いかけっこをしたりする ・ちぎる，ひねる，丸めるなどの指先を使うあそびを楽しむ
保育者のかかわりと配慮		・甘えを十分に受けとめ，保育者とふれあう時間を大切にする ・子どもの姿に丁寧に応答し，信頼関係を深める ・新入園児は無理なく園生活が送れるよう食事や睡眠の時間を確認し，個々に合った生活リズムを大切にしていく ・ハイハイ，伝い歩き，一人歩きが十分楽しめるよう，安全な十分に試せる環境を整える	・自分でやろうとする姿を認めさりげなく援助して，できる喜びを感じられるようにする ・一人一人の排泄の間隔を知り，子どもに合わせて排泄を促す。興味が持てるよう他児の姿を見られるようにし，トイレに慣れていけるようにする ・行動範囲が広がるので探索活動が十分に楽しめるよう環境を整え，子どもの姿に応答する	・子どもの意欲を大切にして，見守ったり援助したりする ・排泄のサインを見逃さず適切に対応していく ・トイレへ興味が持てるよう他児の姿を見られるようにしたり，誘ったりする ・あそびの仲立ちをしながら他児へのかかわり方を知らせていく ・丁寧に言葉にして伝えたり，思いを言葉にしたりしていく	・甘えたい気持ちを十分受けとめながら，自分でやろうという気持ちを育んでいく ・楽しい雰囲気をつくり，他児の姿や大人が食べる姿を見たり励ましたりすることで，苦手なものでも食べてみようとする気持ちを育む ・身体を使いながら，興味あるあそびが楽しめるような遊具や用具を用意しておく	・自分でやろうとする気持ちややりたいという意欲を受けとめ，満足感を得られるようにする ・子どものつぶやきやしぐさに応答して表現する喜びを感じられるようにし，言葉を使おうとする気持ちを育む ・指先の細かい動作を経験できるよう，さまざまな素材を十分に用意する
〈家庭との連携〉子どもの姿を伝え合い，一緒に子どもの成長を喜び合うなかで信頼関係を築いていく。また，自己主張が強くなってくることや世界の広がりから，さまざまな葛藤の姿やイヤイヤ，他児とのかかわりの姿（例えば，おもちゃの取り合いの姿も他者に気づく大事なかかわりであることなど，一見トラブルととられがちなこと）など，1歳児のある姿を丁寧に伝え，その姿も成長や発達の大事な姿であることを知らせていく						

て年度末には1歳11か月から2歳11か月の園児が在籍することとなり，3歳未満児の発達を見るのに適していると考えた。

その際，「現在では，人間に関する生物学により決定される不変的な年齢による発達段階という概念は，心理学では一般的に否定されている。（中略）発達段階説が理論家や研究者によって信用されなくなったという事実にもかかわらず，その影響力は教育の内外で継続している」（L. グリーン，2020）[2)] という視点をふまえ，発達を過程としてゆるやかに把握する。

A園の年間指導計画には食事に関するさらに詳しい計画および玩具・遊びの計画，環境図についての計画が添付されていたが，紙数の関係で割愛した。

（1）年間指導計画をどう捉えるか

年間指導計画は，子どもの経験内容，環境構成，保育者の援助を中心に作成されるものである。指導計画は保育者一人ひとりが子どもたちとていねいに関係をもち，子どもたちの実際の姿と事実を受け止めたものに基づいて考えられるもので，計画に子どもを当てはめていくようなものではない。その保育の振り返りの中で自分はどのような観点でその場のその子の行動を見ていたのか，どのような物差しをもって自分の言葉を発していたのか等，保育者自身が知ろうとすることが大切である。

また，年度の初めにあたっては園の全職員で保育の方向を確認し，その内容を理解し，前年までの保育と子どもの姿を振り返り，年間指導計画と子どもの姿のずれや，その時にどのような対応をしたか，対応できなかったのか，それはなぜなのか等，検討したことをもととし，保育所，認定こども園全体のものとして計画する。また保育者一人ひとりが担当する子どもに接してその年度のクラスや子どもの課題を捉えて年間指導計画を策定する。

（2）子どもの捉え方を振り返る

一人ひとりの子どもが，日々の保育の中で様々なことに出会い，何をどのように体験し感性をひらいていくかが，その子の育ちに大きくかかわってくる。

それを具体化していくのが指導計画である。そのためには目の前の子どもへの捉え方を常に振り返り，他の保育者との理解とも照らし合わせながら，自身の保育を考えていくことが大切である。

年間指導計画を作成するときに大事になるのは，子どもの姿や遊びをどう捉えるかである。職員間での捉え方の共通理解やその違いを互いに掘り起こし，自覚化することを日々繰り返し行うことで，実践をまた，年間指導計画や月の指導計画，週の指導計画，日案（計画）に反映させることができる。さらには，その遊びや子どもの姿の捉え方を保護者にも伝えていくことで，実践の意味が子ども・保育者・保護者それぞれに理解がされやすくなる。

（3）指導計画を実践する際に

1）保護者に子どもの育つ姿を伝える

保育所，認定こども園に通う子どもは，家庭と保育所，認定こども園という2つの場所を行き交いながら育つ。保育所，認定こども園は，保育の中で見られた生活や遊びでの子どもの姿をていねいに家庭に伝えること，また家庭での子どもの姿を知ろうとすることが大切である。子どもを通して，お互いの信頼関係を築きながら，共に育てる姿勢で臨むことで，何よりも子どもにとって保育所，認定こども園が居心地のよい場となる。保育者は，保育の中で見届けた子どもの育つ姿を，様々な手段を使って保護者に伝えていくことで，保護者，子どもを支える存在となりうる。

子どもとの生活は何気ない日常の積み重ねである。保育所，認定こども園は，その淡々とした日常から，子どもの育つことのすばらしさ，命の輝きを発見し，保護者に伝える。そして，共に喜び合った時に，その喜びが倍になって保育者自身に返り，保育者自身の成長となることはもちろん，子どもの成長の基盤となる家庭と養育する保護者の成長を支えることにつながっていく。保育の計画のもとに展開される子どもの姿について見ていこう。

2）指導計画と保育の実際

3歳未満児の保育は，小さな出来事の繰り返しの日常である。世話をするという意識だけで子どもに接していると，見逃してしまいそうなことばかりである。また，3歳未満児の保育は，子どもの月齢が低ければ低いほど，その発達の差が大きいことを考慮して保育をする必要がある。そのため，指針では，個別的な計画の作成が義務づけられている（第1章総則3「保育の計画及び評価」（2）「指導計画の作成」イ（ア））。

先述のグリーンは「子どもは教師から与えられた知識を受動的に受け取るものではなく，能動的に意味を作り出す存在である」（L. グリーン，2020）[3)] と述べている。自ら環境に能動的にかかわり，意味を求め，表現しようとする3歳未満児の姿について4つの事例を見ていこう。

事例6－1では，この月齢の基本的なこと，ミルクを飲む，排せつする，眠るといった事項の中で，ミルクを飲まないという，最も生命保持に必要なことが，うまくいかない事態が起きた事例である。

事例6－1　私，絶対飲みません　0歳児：生後72日

Mちゃんは生後72日目で入園，愛らしいその表情に思わず「かわいい～小さいね～ミルクのにおいがする～」と1日目の朝のスタートであった。

育児休業明けのお母さんの事情により，初日でも保育を9時～16時としていた。朝9時前に飲んできたので，園での1回目は12時。ところが担任保育者が困った顔で「全然ミルクを飲まないんです」と看護師に相談にきた。「ミルクの銘柄は家と同じだし……」「乳首が嫌なのか」と別の物にしたが飲まない。栄養士も一緒に考え，途中時間をあけたり，温度をぬるめにしたりと，何度か試みるが1滴も飲まない。さすがに2時半過ぎには，担任と看護師が「スポイトで1滴ずつ飲ませるのはどうだろう」と考えるようになった。ミルク以外は機嫌がそれほど悪くないMちゃんですが，オシッコの量も少ないこともあり，Mちゃんの今の状況をお母さんに連絡してみたところ，仕事を切り上げ3時過ぎに迎えに来てくれた。担任は今まで苦戦していた状況を伝え，哺乳瓶をお母さんに渡した。するとお母さんに抱かれたMちゃんは，ごくごくと180cc全部を一気に飲み干した。

次の日からは，順調にミルクを飲むようになった。

指導計画の中の日案では1回目を12時に飲むはずであった。わずか入園3時間で立案した計画と異なった事態に向き合うことになった担任。抱っこの仕方や角度や場所を変えるなどしたが飲んでくれないので，看護師に相談している。目の前の子どもに向き合っているのは，保育士自身であるが，保育は園として行うものであるからこそ，このような担当者レベルで抱え込まず，開いた保育の姿勢を共有できる。最初は，物理的な理由を考え対応し（ミルクの銘柄，乳首の種類等），同時に本人の理由（お腹が空いていない，いつもの温度と違う等）で対応している。一方，本人の機嫌や排せつの状況について，把握した上で，飲まない現状を保護者に知らせ相談をしている（0歳児の生活を24時間で見る）。また，今回は母親の仕事の状況でこの保育時間を受け入れたが，初日では無理があるとも伝えていて，状況によっては連絡するとの了解も得ていた（家庭との連携）。

まさか今まで拒否していた同じミルクを，母親に抱かれた途端に飲み干すとは，予想していなかったことである。事例6－1は保育が相互作用であること，すでに生後72日の0歳児が明確な意思をもち，自分の置かれた環境を受け入れて初めて保育が成立することを学んだ事例である。

次に自らが思考し行動する子どもの姿を見ていこう。

事例6－2は目の前の子どもの姿を柔軟に捉える保育の一瞬を捉えた0歳児クラスの保育士の日誌である。

事例6-2　「ある」，「ない」の初体験　0歳児：10か月

今日からSちゃんは10か月になり中期食から後期食に移行する初日である。離乳食の形状が少し変わり，にんじんは茹でて刻んだものから，茹でたスティック状になった。

にんじんスティック2本がのせてある皿をSちゃんの前に置くと，初めは触れるか触れない程度に指先で触った。じっと見つめるSちゃん。私がにんじんを口元にもっていくと，小さくかじりとって食べた。「ここに置くね」と残りのにんじんを目の前の皿に戻して見せた。すると今度は自分で手を伸ばし，手の平全体を使ってつかみ，親指側から出ているにんじんをかじって食べ，反対の小指から出ているにんじんも見て食べた。だが，手の中に残ってい

る見えないにんじんを食べようと，握りこぶしを口にもっていくが食べることができない。２，３回繰り返すうちににんじんが皿の上に落ちた。皿のにんじんを見るＳちゃん，そして，握る，食べる，落とすを繰り返しにんじんを全部食べ切ることができた。

手で握って見えていたものが食べることによってなくなる，手を離すと出てくる。今日のＳちゃんから，こういった生活の中での不思議を体験しながら，自分の手（身体）や周りのことを知っていくのだろうと思った。

赤ちゃんの何気ない日常の中に，人の育ちの始まりがあり，この子たちは今かけがえのない時間を過ごしているのだと実感した日だった。

事例６−２では，保育者が計画にとらわれすぎると，後期食を食べるといった目に見える現象にとらわれてしまうか，あるいは結果を意識して，食べさせなくてはとなってしまう。子どもの，目の前に起こってきたこと（昨日まででは保育者に刻みにんじんを食べさせてもらっていた→スティックにんじんが皿とともに出された）にどのような表情やしぐさを見せたかという子どものわずかな変化を捉えている。それは微妙な変化であり，毎日共に生活している人でなければ見取ることはできない。そこにどのように応えたかが，乳児の保育の醍醐味であり喜びであるのだろう。

さらに人が育つことに向き合う保育という営みにおいて，教育者としてのその精神が保育者自身の中に息づいていなければ，このような小さな子どものしぐさや変化を見取ることはできない。「この子たちは今かけがえのない時間を過ごしているのだと実感した日だった」という担任の言葉はまさに，保育の計画と今を生きる子どもの姿を目の当たりにする，保育実践の知識を得た瞬間であったろう。

事例６−２では表６−１の全体的な計画に掲げられた保育理念の「一人ひとりの子どもが，今を生きることに喜びを感じ，心身共に健やかで『育つ幸せ』を実現する」と，表６−２のクラスの年間指導目標である「生理的欲求や甘えなどが満たされるなかで，情緒が安定する。安心できる保育者との関係のもとで生活の流れがわかり，自分でやってみようとする気持ちが芽生える」姿がうかがえる。さらに「指先でつまんで食べる」という子どもの食事に関する姿として計画された内容が生活の一場面に凝縮されている。まさに保育の計画と実践が交錯する場面である。

にぎりこぶしの中に「ある」にんじんを触覚として感じても，視覚としては「ない」。事例６－２の園ではこのような「ある」「ない」の事例のエピソード[4]が他にも共有されている。また，子どもが自ら興味・関心の対象を探索し，じっくりと観察し自らの問いを育み思考し続け，言葉に表出する園児の事例[5]など，子どものリアルな姿を日々職員で学び合っている。そのような保育の実践知が指導計画立案の際に生かされることになる。

事例６－３は２歳児の計画の中のねらいが反映された保育室で，担任に自分の意思を言葉で伝え，独力でやりとげようとする子どもの事例である。

事例6-3　一人でできるから，先生やらないでね　２歳児

フライパンやお皿，人形など，ごっこ遊びができる２歳児の保育室。Ｂちゃんは４月生まれで，おしゃべりも上手で遊びも面白く，クラスではお姉さん的な存在である。ある日「あっジェームスが裸んぼうだー」と言ってＢちゃんは，人形のジェームスのお尻にバンダナを三角に折り下に敷き始めた。バンダナをおむつに見立てているようだ。両方の端を結ぼうとしているが，なかなかうまくいかない。できるのかなーと思って見ていた担任の視線を感じたのか「Ｂちゃん一人でできるから先生やらないでね！」と。何度も何度やり直すうちに，片結びができるようになっていて，遂には結ぶことができた。

２歳児クラスは皆満３歳を迎えていく。これまでため込んだ言葉を爆発させる時期でもある，同時に象徴機能が育ち，生活の再現やイメージを膨らませたごっこ遊びも盛んになる。この事例では，環境に子ども自らかかわって遊べるよう保育室が考えられている。この日は，Ｂは人形のジェームスが裸だったことに注目し，おむつをつけてあげようと思う。自分で選び自分で決めた行動であるが，困難が立ちはだかった。このころの年齢では，自分の思いと現実の能力がうまくかみ合わず“癇癪を起こす”と表現されるように，大泣きする場面もしばしばある。Bはその“うまくできない”という事実に根気よく向き合っている。他から出された課題ではなく，自分が遂げたいと思った“片結び”である。担任に守られている安心感（集中と安心は表裏一体），さらに，ここまで集中できる時間が十分保障される環境であった。そんな遊びの場面で，自分と向き合うBが見られた。

事例6-4は，2歳になり，仲間との生活のルーティーンをこなせるようになった子どもたちと，自己の主張を表現するようになる子どもと保育士の葛藤の場面である。

事例6-4　「テーブルに上がっちゃダメ」と言いそうになって　2歳児

K保育士の担当は5人。園庭で遊んでいたが食事の時間が近づいたので，子どもたちに「そろそろごはん食べにいこうか？」と誘った。G君はじめ4人はすんなり部屋に向かったが，「いや！」と言うCちゃんの対応にK保育士は時間をとられた。K保育士は「先に入った子どもたちは，ある程度任せても大丈夫」とO主任とアイコンタクトで確認し，G君たちに任せた。O主任はG君たちを遠巻きに見ていると，排せつ，着替えを自分で済ませ，食事時に必要な自分たちのお絞りの入ったかごを持って，保育室の隣にある，いつもの食事場所のエントランスホールに向かった。O主任は「なかなかやるねー」と思いながら関心して見ていると，かごを椅子の上に置きG君が何かキョロキョロしている。G君はテーブルに上がった。続いてもう一人も。「アーア遊びだしちゃったのか！」と思い「テーブルに上がっちゃダメ」と言おうとした時に，G君たちはそこに上がらなければ手の届かない棚から，台布巾の入ったかごを下ろしテーブルを拭き始めた。

この園では子どもたちの生活は保育者の指示で動くのではなく，自分の生活として行動できるよう，1日の時間的な流れと食事の場所や座る席，衣服の場所，お昼寝の布団を敷く位置等を一定にしている。子ども自身の意思と行動が生活の一つひとつに反映されるよう環境が設定されている。

この日の日案では，外遊びから足を洗って，着替え，排せつまで，ほぼ5人が一緒に動けると計画していた。ところが，Cの「もっと遊びたい」という訴えにより，予定通りいかなくなった。この時担任として，「どうするか」迷い悩む。特に新人のころならだれしも何度も経験する場面である。「一人ひとりを大事にするためには……どうしたらいいのだろう」。Cに言い聞かせる，Gたちを待たせる。その時どうするかはGやCと毎日を過ごしていて，その育ちを見届けている担任が決めている。その時に，何に基づいて決めるか，基づくものが，実践のもとになっている計画のねらいである。

自発的なGたちの育ちを見届けているからこそ子どもたちに「任せても大丈夫」という判断をし，Cの訴えを聞き対応した。アイコンタクトでその意味を受け取ったO主任。この連携は，主体的な子どもになってほしいという大きな目標を共通理解していたからこそできたことであった。

O主任は「テーブルに上がっちゃダメ」と言いそうになったことを，その時の子どもの訴えを聞こうとする感覚と前後の状況をよく見ることのどちらも必要なことと振り返った。さらに根底には子どもを信じる気持ちがあっての実践であった。そして4人はテーブルを拭き始めた。O主任は，あの時ダメって止めなくてよかったと。このエピドードをK保育士はもちろん，園内で共有した。

4．おわりに

保育の事例を通して得た学びを整理してみよう。事例6−1は，特に2歳児に顕著に見られるとされる自己主張について，すでに0歳児（生後72日）が明確な意思をもっていることに気づかされた。また，発達を年齢で区切ることで見失いがちな保育の視点があることを学んだ。

事例6−2は，0歳児（10か月）が全身の感覚をフル稼働させ，モノに向き合い，考える姿から，言葉以前の子どもの静かな学びとそれを見届ける保育者のありようを学んだ。それは倉橋惣三がいう「驚く心がそのまま実際のまめやかさになる人，そういう人が実際教育者である」「教育のめざすところは大きい。教育者の希望は遠い。しかし，その日々の仕事はこまごまと極めて手近なことである」（倉橋，2008）[6]という保育場面でもあった。全体的な計画にある大きく遠い願いと月の指導計画，個別指導計画の手近な目標が生活の中で実を結んだ事例であった。

事例6－3は，2歳児が遊びの中で手先の稚拙さに挑戦し，葛藤しながら「結ぶ」という技のスキルアップと非認知能力が同時に獲得される場面である。自ら取り組むと言葉で保育士の援助を制し，主体的に自分の興味に取り組みながら葛藤を乗り越え達成感を味わう姿が見られた。

事例6－4は，子どもと保育者が共に生活のルーティーンに取り組む中で，子どもたちの自立的な行動の意味を職員同士が了解し，日案，月案，年間指導計画，さらに全体的な計画にこめられる保育イメージが共有されていた。複数の保育者がいる場合には特に，互いの子ども理解について話し合いや振り返りを通して，相互の深い子ども理解につながってく。保育環境を整え，保育者の願いや配慮が盛り込まれる計画である。しかし，予測を超える子どもの行動に直面することで指導計画を再考し，カリキュラム・マネジメントを繰り返す日々の一端がうかがえた。これらの事例から，子どもが明確な意思をもち，思考し，言葉をもちいて保育士との関係をもち，さらに子ども同士が自立的に行動する保育の大きな道筋がうかがえた。

子どもは自ら学び育つ力があり，その環境にかかわりながら自分で自分を育てていく。子どもたち一人ひとりが，自分自身を十分に発揮し，遊びを通して「非認知能力」が養われることを願い，子どもたちの学びを支えようとするのが保育者である。倉橋は「人間を人間へ教育しつつあるということは，われ等の，一日も一刻も忘れてはならないことである」（倉橋，2008）[6]という。幼児期の人間形成にかかわる者として，先人に倣いながら子ども期の幸せを創造することができる保育の指導計画立案と実践のさらなる探究が望まれる。

自我の形成

自我の形成は，3歳未満児の発達の大きな目標の1つとされている。2歳児特有のイヤイヤ期としての捉え方を柔らかく大きな枠組みで捉えかえすことが求められよう。子どもの傍らに存在する保育者として，子どもとの注意深くていねいなかかわりの中から子どもの明確な発信に気づき，応答し，アートフルな保育を創造するための大切な視点としてさらなる探究が必要であろう。

まとめの課題

1．事例の中の保育者の援助について，保育所保育指針や幼稚園教育要領の前文の精神をどのように読み取ることができるか話し合ってみよう。
2．指導計画と実践の狭間で揺れ動く保育の面白さ，保育者の戸惑いや困り感を想像してみよう。
3．自我の形成について，子どもの目線から捉えてみよう。

引用文献

1）望月威征：保育の基本と工夫―環境とカリキュラムを考える，スペース新社保育研究室，2007
2）L. グリーン著，空健太訳：子どものための哲学と発達心理学―歴史的考察―，子どものための哲学教育ハンドブック―世界で広がる探究学習―（M.R. グレゴリー・J. ヘインズ・K. ムリス編，小玉重夫監修），東京大学出版会，2020，p.94
3）前掲書2），p.95
4）北村都美子・夏井裕美：1歳児の探求するモノ・コト・人との関わり―エピソード事例から―，第62回全国私立保育園研究大会討議資料，2019，pp.41-44
5）佐藤嘉代子：保育における遊びのなかの学び―1歳児クラスの園児の探索活動の事例から―，人間文化創成科学論叢16，2013，pp.137-145
6）倉橋惣三著，津守真・森上史朗編：育ての心（上） 倉橋惣三文庫③，フレーベル館，2008，pp.28-33

第7章 幼児の指導計画立案の実際

予習課題

1．保育所保育指針の第１章総則　１「保育所保育の関する基本原則」，３「保育の計画及び評価」，４「幼児教育を行う施設として共有すべき事項」，第２章保育内容をよく読んでまとめよう。
2．園の保育目標，年間の行事などを知り，幼児の生活の流れを見通すために，３歳児・４歳児の発達の過程について調べてみよう。
3．時期にあった自然や社会の事象の特徴を捉えておこう。

1．はじめに

本章では，３歳児・４歳児の指導計画の実践例を中心に指導計画のあり方を検討していく。指導計画は，幼児の発達や保育者の幼児理解，幼児の育ちへの願いや見通しをもち，作成していくことが要となる。保育者主導ではなく，幼児と保育者がつくり出していく保育について，また，幼児が主体となって遊びを進めていく指導計画作成のプロセスについて学んでいく。

2．指導計画作成の手順

指導計画は，その計画の射程の長さによって「長期の指導計画」と「短期の指導計画」に大別することができる。長期の指導計画は，長期的に発達を見通した年，学期，月などにわたる指導計画である。短期の指導計画は，長期の指

表7－1　指導計画の種類

年間計画	4月～翌年3月までの1年間の生活を見通して立てる指導案
月案	年間計画を具体化するために，1か月の生活を見通して立てる指導案
週案	月案実施のために，継続性を考えながら1週間を見通して活動を具体化して立てる指導案
日案	その日の保育をどのように展開するのか，1日の子どもの生活時間を見通して細かく立てる指導案

導計画との関連を保ちながら，より具体的な幼児の生活に即した週，日などの指導計画のことである（表7－1）。特に，週，日などの短期の指導計画については，幼児の生活のリズムに配慮し，幼児の意識や興味の連続性のある活動が相互に関連して，園生活の自然な流れの中に組み込まれるようにしていかなければならない。長期と短期では，計画の対象となる期間や幼児理解の時間的な枠組みも異なるが，手順は同じような流れとなっていく。指導計画は，保育実践の具体的な方向性を示すもので，一人ひとりの子どもが幼児期にふさわしい生活の中で必要な体験が得られるように見通しをもって作成していく。そのための手順として下記①～③の通り作成していく。

子どもの姿を把握し，理解していく。まず，幼児の発達の過程を把握し，子どもの「今」の育ちの実態を理解していくことが不可欠である。その実態が明らかになるとその子どもにとって何が必要な経験なのかを導き出していくことができる。

① 幼児の発達に対しての願いをもつこと。子どもの実態把握をもとに，「こんな風に育ってほしい」という願いをもつことが重要である。

② その願いに向かって必要な経験を考えていくこと。この願いが，指導計画では「ねらい」となる。ねらいを達成するために必要な経験が「内容」である。子どもの活動が生まれる背景，意味を捉え「予想される子どもの姿」，主体的に活動を展開していくことができるような，適切な援助や配慮を考える。

③ 具体的に設定したねらいや内容を，子どもが体験できるように物，自然現

象，時間，空間等を総合的に捉え，環境の構成を考えていく。

指導計画は，一人ひとりの幼児が幼児期にふさわしい生活を展開し，必要な体験を得られるようにするために，具体的に作成していかなければならない。図7-1のような手順で，指導計画が作成されることが望ましい。次の3点に留意して指導計画を作成していく。

・具体的なねらいおよび内容は，園生活における幼児の発達の過程を見通し，幼児の生活の連続性，季節の変化などを考慮し，興味や関心，発達の

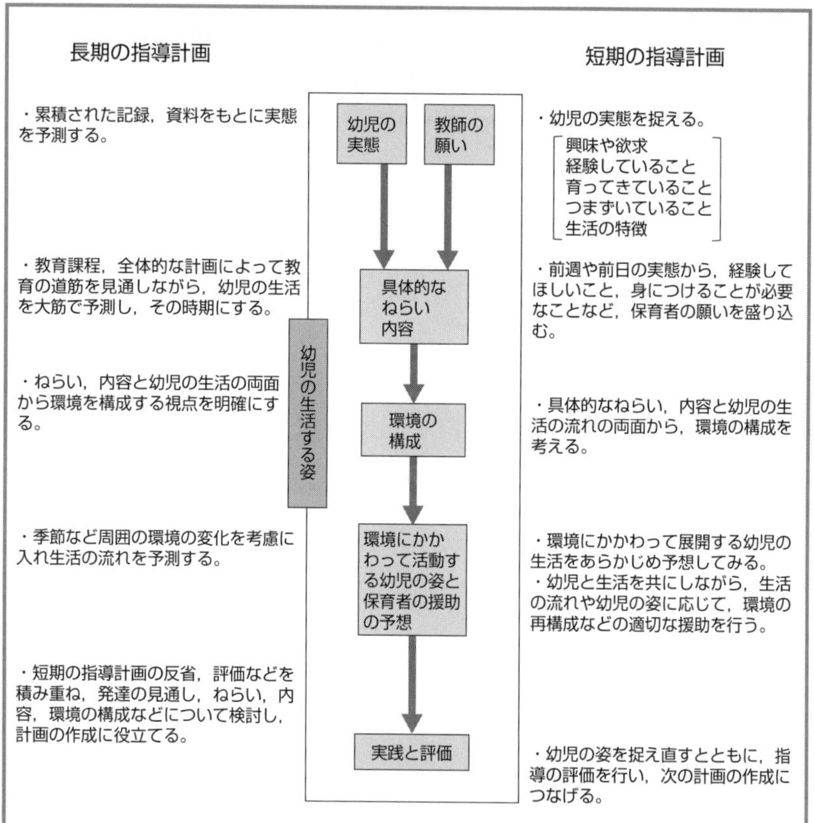

図7-1　指導計画作成の手順

（文部科学省：幼稚園教育指導資料第Ｉ集に一部加筆）

実情などに応じて設定すること。

・幼児の具体的な活動は，生活の流れの中で様々に変化するということに留意し，幼児が望ましい方向に向かって自ら活動を展開できるように必要な援助をすること。

・環境は，具体的なねらいを達成するために適切なものになるように考えていく。幼児の生活する姿や発想を大切に，幼児自らがその環境にかかわり，必要な体験につながっていくよう構成していく。

3．長期の指導計画と短期の指導計画の関係

長期の指導計画と短期の指導計画は，双方向性をもちながら立案・修正を繰り返していく。見通しをもって保育を進める上では，教育課程，全体的な計画を基盤に長期の指導計画があり，短期の指導計画が展開されていく。目の前の子どもの育ちの理解は，長期的な視野から理解しようとしているかが重要であ

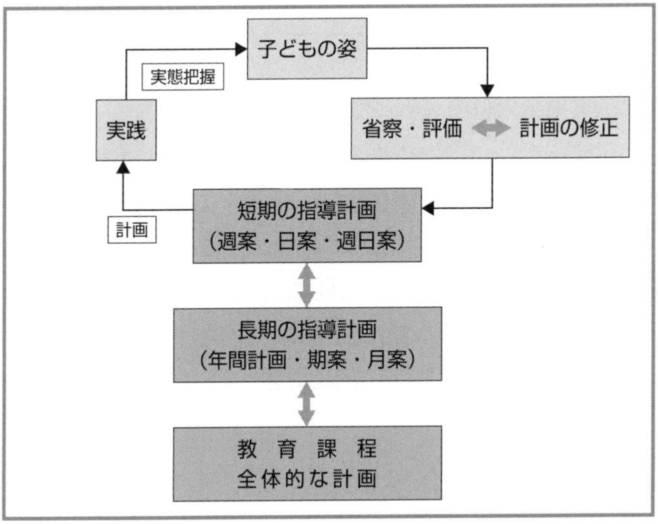

図７−２　指導計画の展開

る。見通しをもち保育するかしないかでは，日常の保育のあり方が左右される。長期の指導計画があるからこそ，短期の指導を計画することができる。長期の指導計画と短期の指導計画の関係性を表したものが図7－2である。子どもの姿を中心に，保育を計画していく。その際には，教育課程，全体的な計画が基盤となり，見通しをもった長期の指導計画，そして，その上に短期の指導計画が展開されるよう，双方向性を意識していく必要がある。

4．幼児理解が出発点

指導計画を作成する際，「子どもの姿」をどう受け止め，理解するか（幼児理解）が出発点である。そのためには，まず，3歳児・4歳児の発達過程を理解していくことが必要である。

（1）3歳児・4歳児の特徴

指導計画の作成にあたっては，その年齢の発達を捉え，実際の子どもの姿から育てたい姿に見通しをもって進めていくことが重要である。

おおむね3歳

基本的な運動機能が伸び，それに伴い，食事，排泄，衣類の着脱などもほぼ自立できるようになる。話し言葉の基礎ができて，盛んに質問するなど知的興味や関心が高まる。自我がよりはっきりしてくるとともに，友だちとのかかわりが多くなるが，実際には，同じ場所で同じような遊びをそれぞれが楽しんでいる平行遊びであることが多い。大人の行動や日常生活において経験したことをごっこ遊びに取り入れたり，象徴機能や観察力を発揮して，遊びの内容に発展性が見られるようになる。予想や意図，期待をもって行動できるようになる。

おおむね4歳

全身のバランスをとる能力が発達し，体の動きが巧みになる。自然など身近な環境に積極的にかかわり，様々な物の特性を知り，それらとのかかわり方や遊び方を体得していく。想像力が豊かになり，目的をもって行動し，つくったり，かいたり，試したりするようになるが，自分の行動やその結果を予測して不安になるなどの葛藤も経験する。仲間とのつながりが強くなる中で，けんかも増えてくる。その一方で，決まりの大切さに気付き，守ろうとするようになる。感情が豊かになり，身近な人の気持ちを察し，少しずつ自分の気持ちを抑えられたり，我慢ができるようになってくる。

上記の平成20年告示保育所保育指針第2章の発達過程を捉え，指導計画を作成していくことが必要である。指導計画の作成には，保育の実施にかかわる配慮事項を考慮し，各保育内容のねらい，内容だけでなく，内容の取扱いを十分に理解し，指導計画を作成する。配慮事項として，以下の3点に留意する。

- ・幼児期の終わりまでに育ってほしい姿が，ねらいおよび内容に基づく活動全体を通して資質，能力が育まれている子どもの小学校就学時の具体的な姿であることをふまえ，指導を行う際には適宜考慮すること。
- ・子どもの発達や成長の援助をねらいとした活動の時間については移動を意識的に保育の計画等において位置づけて，実施することが重要であること。なお，そのような活動の時間については，主として保育所では，保護者の就労状況等に応じて子どもが保育所で過ごす時間がそれぞれ異なることに留意して設定すること。
- ・特に必要な場合には，各領域に示すねらいの趣旨に基づいて，具的な内容を工夫しそれを加えても差し支えないが，その場合には，保育に関する基本原則を逸脱しないよう慎重に配慮する必要があること。

5．3歳児・4歳児の指導計画の実際

（1）長期の指導計画

1）年間指導計画の立て方

年間を見通した計画（教育課程，全体的な計画）は，年度末にその年度の年間指導計画を見直し，1年間の保育を省察し，翌年度の指導計画に生かし計画される。年間指導計画では，1年を通して子どもにどのような成長をしてほしいか，園でどのように過ごしてほしいのかを考えて作成していく。

記載方法は，1期（4，5月）・2期（6，7，8月）・3期（9，10，11，12月）・4期（1，2，3月）の4つの期に分割して記入することが一般的であるが，それぞれの園の子どもの姿の捉え方によって，期の分割も様々である。保育のねらいやその内容，子どもの姿，保育者の援助に加えて，園の行事予定を入れたり，地域とのかかわりを入れたり，日本特有の四季を保育に取り入れていくとよい。遊戯会や運動会といった行事と，季節の楽しみを取り入れる行事は，ねらいや指導内容により幅をもたせることが必要である。

表7−2，表7−3は，3歳児と4歳児の年間指導計画である。

個人差はあるが，3歳児は3歳なりの，4歳児は4歳なりの発達の道筋を捉えて，その時期に必要な環境構成や保育者の指導の方向性を押さえていくことが大切である。

2）期の指導計画の立て方

期の捉え方は，子どもの発達の節目を1つの区切り（期）とし，各期のねらい・内容を押さえる指導計画のことである。期の分割は各園によって異なるが，だいたい，4～7つの期に分けられる（表7−2，表7−3）。

期の指導計画については，期ごとにねらいをもって記載する。表7−4の3歳児のⅠ期の指導計画では，ねらいの1つとして「新しい環境や保育者に親しみ安心して過ごす」（4月～5月）とし，入園して間もない子どもたちが，園生活に慣れて，安定すること，園に来ることが楽しみになるようにねらいをもって作成されている。表7-5の4歳児の年間指導計画のⅠ期は，「園生活に親しみ安定して遊ぶ」（4月～5月）とし，期ごとにねらいや内容を明らかにすることで，次に続く週案や日案が具体的なものとなる。年間指導計画から作成された期の指導計画は，より具体的な計画になっていく。

3）月案の立て方

月案は，年間指導計画をもとに，毎月作成する指導計画である。前月の子どもの姿をふまえて，どのように成長してほしいかを考え，月案を作成していく。年間指導計画よりも細かく具体的に計画するので，園によっては環境構成の欄を設けることもある。環境構成では，内容や子どもの姿に必要な保育室の環境，環境に関する援助などを記載していく。

月案については，期の指導計画を綿密に立てることで，月案を作成しないという園もある。

（2）短期の指導計画

短期の指導計画は，月の指導計画（月案）をふまえ，1週間という単位で保育の展開を考える週の指導計画（週案），登園から降園までの1日の保育の展開を具体的に考える1日の指導計画（日案）であり，明日の保育，あるいは翌週の保育をどうしていくかという計画である。計画を作成する時に，日々の記録がベースになる。前日の子どもの姿，あるいは前週の子どもの姿や，目の前の子どもの姿を捉えて，保育を省察し，それを生かして，翌日，あるいは翌週の保育を考えていく。

このように，長期と短期の指導計画ともに，常に子どもの姿を見ながら，修正されていくもので，短期の計画の積み重ねが長期の計画に生かされ，また，短期の計画に生かされるのである。

1）週案の立て方

週案は，月案をもとに1週間ごとに作成する指導計画である。毎月，第1週から第4週まで作成するため，週案は一貫性を大切にして作成しなければなら

表7-2　3歳児　年間指導計画

【3歳児】 ○教育 ●養護 （◎：3歳児からの入園児）

ねらい		○保育者の援助を受けながら，自分でできることに喜びをもち基本的な生活習慣を身につける ○ごっこ遊びを通して友達と遊ぶことを楽しむ ○身近な動植物や自然，社会事象などに触れて遊ぶことを楽しむ ○自分の思いや，してほしいことなど生活に必要なことを言葉で表す	
期		Ⅰ期（4月～5月）	Ⅱ期（6月～8月）
期のねらい		○新しい環境や保育者に親しみ，安心して過ごす ○保育者の援助を受けながらできることは自分でしようとする ○保育者や友達と遊ぶことを楽しむ ●一人一人を温かく受け入れ，安心感をもたせ信頼関係をつくり，快適に遊びや生活ができるようにする	○好きな遊びを見つけ，友達と一緒に遊ぶことを楽しむ ○簡単な身の回りの始末はできるだけ自分でする ○夏の遊びを保育者や友達と存分に楽しみ開放感を味わう ●衛生・健康管理に気をつけ，快適で健康に過ごせるようにする ●一人一人の要求や個人差に対応しながら保育者や友達と遊ぶ楽しさを知らせていく
内容	養護	●一人一人の健康状態を把握していく ●一人一人の気持ちや特徴を理解し受けとめ，楽しい雰囲気で安定して過ごせるようにする	●一人一人の健康状態を把握し，夏を健康に過ごさせる ●一人一人が好きな遊びを見つけ満足できるようにする
	健康	◎保育者と一緒に着替えや身の回りの始末をする ○新しい環境に慣れ，身の回りの始末を自分でしようとする ○食器に手を添えて食べる ○友達と一緒に楽しく食べる ○行きたい時にトイレに行く ○衣服の着脱を自分でしようとする ○促されてうがい，手洗いを自分でしようとする	○プール遊びの約束を知り，守ろうとする ○体を動かして遊ぶことを楽しむ ○夏の遊びを十分に楽しむ ○うがい，手洗い，歯磨きをする
	人間関係	◎保育者と一緒に過ごし，親しみを感じる ◎大勢の子どもがいる雰囲気に慣れる ○保育者や友達と遊ぶことを楽しむ	◎保育者や友達がしていることを，興味をもって見たり真似たりする ◎好きな遊びを見つけ，自分の思うように遊ぶ ○気持ちの通じ合う友達関係ができ，楽しく遊ぶ
	環境	◎自分の保育室や園庭，トイレなど園内の場所が分かり，使い方を知る ◎いろいろな遊具や用具があることに気づき，触れて遊ぶ ◎安心できる人や物，場所を見つけて過ごす ○使った玩具などを保育者と一緒に元の場所に片付ける ○保育者と一緒に身近な春の自然や飼育物などに触れて遊ぶ	◎生活のいろいろな場面で順番を待つことに気づく ○夏の自然に触れ，夏野菜の収穫を喜ぶ
	言葉	◎生活のいろいろな場面での挨拶や言葉があることに気づく ○挨拶や返事をする ◎保育者に絵本を読んでもらったり，手遊びをしたり歌を歌ったりして楽しい雰囲気を味わう ○絵本や紙芝居を喜んで見たり聞いたりする	◎保育者の話に親しみをもって聞こうとする ○いろいろな感情や気持ちをそのまま表す ○遊びに必要な言葉（貸して，入れて，ありがとう）を覚えて使う ○経験したことを保育者や友達に話す
	表現	○知っている歌をみんなで楽しく歌う ○土，砂，水，粘土の感触を味わい見立てて楽しむ ○描くことを楽しむ	○いろいろな歌を喜んで歌う ○はさみやのりの使い方を知る ○いろいろな素材や用具に触れて作って遊ぶことを楽しむ

●保健的で安全な現境をつくり，快適に遊びや生活ができるようにする
●一人一人の子どもの気持ちを受容し，保育者との信頼関係の中で安定した生活ができるようにする

Ⅲ期（9月～12月）	Ⅳ期（1月～3月）
○自分でできることに喜びをもちながら基本的生活習慣を身につけていく ○友達と一緒に伸び伸びと表現し，全身を使って遊ぶことを楽しむ ●季節の変化に気をつけ，休息を十分に取り，安全で健康な生活が送れるようにする ●保育者との信頼関係の中で，自分の気持ちや考えを表すことができるようにする	○積極的に戸外遊びを楽しむ ○絵本・童話を見たり聞いたりして表現することを楽しむ ○進級への期待をもって意欲的に活動する ○自分でできたことを喜び，やってみようとする気持ちをもつ ●一人一人の成長を認め，自信をもって楽しく生活できるようにする
●一人一人の発達に応じた適度な運動と休息をとれるようにする →	●室内の換気に配慮し手洗いうがいを習慣づけるようにする ●個人差を配慮し遊びや生活習慣に自信をもって取り組めるようにする
○保育者や友達といろいろな運動遊びを楽しむ	○全身を使った活動的な遊びを十分にし，元気に過ごす
○こぼさないように気をつけながら食べる → ○排便の後始末をしようとする → ○衣服の着脱，持ち物の後始末を自分でする ○薄着の習慣を身につける →	○基本的生活習慣を身につける
◎友達のしている遊びに仲間入りしようとする ○異年齢児との触れ合いを楽しむ ○グループの友達に親しむ	○グループやクラス全体で遊ぶことを楽しむ ○異年齢との交流を喜び，年長児の遊びに関心をもつ
○身近な遊具や用具を使って遊ぶ ○秋から冬への自然に親しみ，自然物を使った遊びや製作を楽しむ	○身近にある遊具や自然物，素材などを自由に見立てて遊びに取り入れようとする ○日本の伝統的な行事や伝承遊びに触れる ○冬の自然に親しむ ○春の訪れに気づく
◎したいこと，してほしいこと，困ったことなどを保育者や友達に伝えようとする ○遊びの中で友達と会話を交わすことを喜ぶ ○絵本・童話など簡単な内容が分かり楽しんで聞く →	○保育者や友達の話に関心をもって聞く
○曲に合わせて体を動かすことを楽しむ → ○簡単な楽器遊びを楽しむ	○友達と一緒に歌や簡単な楽器遊びを楽しむ ○絵本やお話を聞きながら思ったことや感じたことを自分なりに表現し，なりきって遊ぶことを楽しむ ○ごっこ遊びに必要な物を保育者や友達と一緒に作る

表7－3　4歳児　年間指導計画

【4歳児】 ○教育　●養護

ねらい		○自分でできることに喜びをもちながら健康，安全など生活に必要な基本的生活習慣を身につける ○身近な動植物や，自然，社会事象に親しみ興味や関心をもつ ○友達とのつながりを広げ集団で活動することを楽しむ	
期		Ⅰ期（4月～5月）	Ⅱ期（6月～8月）
期のねらい		○新しい環境や保育者に親しみ，安定して遊ぶ ○保育者や友達と一緒に遊ぶことを楽しむ ○身近な自然に触れ遊ぶことを楽しむ ●一人一人を温かく受け入れ，安心感をもたせ信頼関係を作り，快適に遊びや生活ができるようにする	○夏の遊びを友達と一緒に楽しみ開放感を味わう ●衛生・健康管理に気をつけ，快適で健康に過ごせるようにする ●一人一人の気持ちを受けとめ，主体的に行動できるようにする
内容	養護	●一人一人の健康状態を把握していく ●一人一人の気持ちを肯定的に受けとめる	●夏の健康管理（水分補給・休息・帽子をかぶる）に関心をもたせる ●一人一人の要求や個人差に対応する
	健康	○身の回りの始末を自分でしようとする → ○生活の中の約束や決まりを守ることの大切さを知る ○身近な遊具，用具，素材に触れる ○遊具や用具の安全な遊び方や扱い方を知る ○箸や食器の持ち方を知り，正しい姿勢で食べる ― ○友達と一緒に楽しく食べる ―	○健康な生活に必要な習慣を身につける ○約束を守ってプール遊びを楽しむ
	人間関係	○保育者や友達に，親しみをもつ ○遊びを通して友達と触れ合うことを楽しむ ○異年齢児に親しみをもつ ― ○善いことや悪いことに気づく ― ○地域の人と触れ合う ―	○小グループでの遊びを持続する ― ○友達と一緒に夏の遊びを十分に楽しむ ○いろいろな遊びやトラブルを通して友達の思いを知る
	環境	○身近な物を大切にする ○保育者と一緒に動植物の世話を喜んでする ○身近な草花や小動物に関心をもって遊ぶ ○身近な春の自然に触れる ○野菜等を育て，収穫や食べる喜びを知る ― ○日本の伝統的な行事や伝承遊びに触れる ― ○園周辺に出かけ，生活を広げる	○梅雨期や夏の自然事象に興味をもつ ○具体的な物を通して，数や量，色や形などに関心をもつ
	言葉	○日常生活に必要な挨拶をし，必要な言葉を知る ○経験したこと，思ったこと，感じたことを話す ○絵本に親しむ →	○遊びや生活の中で友達と簡単な話し合いをする ○保育者や友達の話に興味を持って聞き，聞くことの大切さを感じる ―
	表現	○音楽やリズムにあわせて友達と一緒に歌い体を動かすことを楽しむ → ○描いたり作ったりすることを楽しむ ―	○いろいろな素材に触れ大胆に遊ぶ

○話を聞いたり経験したりしたことを，いろいろな方法で表現する
●保健的で安全な環境をつくり，快適に遊びや生活ができるようにする
●一人一人の子どもの気持ちを受容し，保育者との信頼関係の中で安定した生活ができるようにする

Ⅲ期（9月～12月）	Ⅳ期（1月～3月）
○友達とかかわりながら簡単なルールを知り，体を動かしたり，いろいろな遊びをしたりすることを楽しむ ○自然物に触れて親しんで遊ぶ ○見たこと感じたことを，いろいろな方法で表現することを喜ぶ ●季節の変化に気をつけ，休息を十分に取り，安全で健康な生活が送れるようにする	○一人一人の思いを出し合い，友達と一緒にいろいろな遊びを楽しむ ○友達と考えを出し合って遊びをつくる ○進級への期待をもつ ●一人一人の成長を認め合い何事にも意欲的に取り組めるよう励ましていく
●子どもの発達に応じた適度な運動と休息を取れるようにする →	●室内の換気に配慮し，手洗い・うがいを習慣づけるようにする → ●自分の体に関心をもち健康状態が分かり，体調の変化を伝えられるようにする
○薄着の習慣を身につける ○寒さに負けず，元気に遊び，健康な生活習慣を身につける → ○遊具や用具を使って友達と一緒に思いきり体を動かす → ○戸外で伸び伸びと体を動かす → →	→ ○遊びや生活の決まりを知り守る → ○年長児になることへの自覚をもって行動する → →
→ ○年少児に親しみ年長児の遊びに関心をもち同じ遊びをする → ○ぶつかり合いを保育者の助言で解決しようとする → → → →	○友達と一緒に気持ちを合わせて集団遊びを楽しむ → ○友達の支えを感じ，自分なりに頑張る → → → →
○いろいろな遊具や用具，素材を使う ○秋から冬への自然の移り変わりに興味をもち遊びに取り入れる → → ○自分なりに考えたり試したりする	○試したり工夫したり，遊びに必要な素材を選ぶ ○冬の自然に触れ，春の訪れに興味や関心をもつ ○震災の話を聞き，命の大切さを知る → →
○経験したことや思ったことを保育者や友達に話す ○友達の話に関心をもち，聞いたり話したりする → → ○読み聞かせてもらった物語の内容がわかり楽しんで聞く	→ → ○イメージを広げ友達と一緒に劇遊びを楽しむ
○音楽やリズムに合わせて友達と一緒に歌や楽器遊びを楽しむ → ○感じたこと思ったこと想像したことなどをいろいろな方法で表現する → ○自然物を使った遊びや製作を楽しむ ○本や物語の世界に，夢を広げ，表現する →	→ ○友達とイメージを共有して遊ぶ ○劇遊びに必要な物を友達と一緒に作る → →

表7－4　3歳児　I期の指導計画

期	I期（4月～5月）	
目標　集団	○新しい環境や保育者に親しみ安心して過ごす	
目標　個人	○先生や友達と遊ぶことを楽しむ	○先生の援助を受けながらできることは自分でしようとする
健　康	○好きな遊びや安定する場所を見つけて遊ぶことを楽しむ ・戸外で砂場・ブランコ・フープなどをして遊ぶ ・遊具や用具の安全な使い方や約束を知る ・生活の流れが分かり安心して生活する ○先生や友達と一緒に遊ぶ ・体操やリズムステップをする（走る，ジャンプなど）	○基本的な生活習慣を身につける ・手洗い・うがい・排泄・食事・着脱など生活の仕方を知り，保育者に手伝ってもらいながら，自分でしようとする ・友達と一緒に食べる ・食器に手を添えて食べる ○安全に過ごすために必要な決まりや，ルールがあることを知る
人間関係	○保育者や友達に親しみをもち，一緒に生活することを楽しむ ・自分のクラスが分かり，保育者や友達を知る ・保育者や友達に親しみをもち，安心して生活する ○大勢の子どもがいる雰囲気に慣れる ○友達と一緒に遊ぶことを楽しむ	○年長児や中学生と触れ合う ・異年齢のかかわり（ペア活動）を楽しむ ・中学生に親しみをもってかかわる
環　境	○身近な動植物に興味をもつ ・身近な春の草花や生き物を見たり触れたりして遊ぶ ○先生と一緒に身の回りの始末をしようとする ・自分の持ち物の置き場所・目印などが分かる	○身近な遊具や用具に慣れる ・総合遊具，巧技台，スクーター，砂場，ままごとなど
言　葉	○先生の話しかけや自分なりの表現で話す楽しさを味わう ・先生に自分のことや知ってほしいことを話そうとする ・挨拶・返事など生活や遊びに必要な言葉を使う ・楽しんで絵本を見たり聞いたりする	○先生や友達の話に親しみをもって聞く ○絵本や紙芝居を見たり，聞いたりする ・朝の会や誕生会などで，絵本や紙芝居を楽しむ
表　現	○保育者と一緒に表現することを楽しむ ・先生や友達と一緒に歌ったり手遊びをしたりして遊ぶ ・積木・ブロック・ままごとなどに興味をもち喜んで遊ぶ ○土，水，砂，粘土の感触を味わい見立てて楽しむ ○描くことを楽しむ	○知っている歌をみんなで楽しく歌う ・チューリップ，先生とお友達など ・リズムに合わせて体を動かしたり体操をしたりする ・あくしゅでこんにちは，むすんでひらいてなど
行　事	入園式，学級懇談，家庭訪問，参観日，保護者会，身体測定，仲良し運動会，ふれあい参観日，誕生会（年間），安全の日（年間），降園指導（年間），避難訓練，体位測定（各学期），体重測定（年間），健康診断，近隣散歩，園外保育（芦屋川・ゴルフ場），未就園児交流（年間），預かり保育（年間），トライやるウィーク	
4歳児につなぐ	・自分のことは自分でしようと思う ・遊具や遊具の場所を覚えて片付ける ・並んで順番を待つことを知る ・春の自然を親しみ，自分から見たり触れたりする ・先生の話を聞いたり，自分の気持ちを伝えようとする	
家庭・地域との連携	・家庭訪問や学級懇談会などを通して，一人一人の入園前の様子や家庭環境理解する ・降園時間に幼児の様子を伝えることで，保護者との連携を密にするとともに幼児教育への理解を得る ・保育参観や保護者会，行事予定や園だより，クラスだよりを通して，園の教育方針やクラスの様子を知らせていく ・参観日などで親子活動ができる場をつくり，触れ合いを大切にしていく ・保護者の緊張や不安を十分に受け止め，安心して親子で登園できるようにする ・連絡網を作成し，緊急時に備える ・誕生児の保護者に誕生会に参加していただき，全園児と一緒に誕生日を祝うとともに保護者同士で子育ての話をする機会をつくる	

表7－5　4歳児　Ⅰ期の指導計画

期	Ⅰ期（4月～5月）	
目標 集団 目標 個人	○園生活に親しみ安定して遊ぶ ○園生活の仕方を知る	
健　康	○情緒を安定して過ごす ○園生活の仕方を知り，自分でしようとする ・年長児に身の回りの世話をしてもらいながら，持ち物の始末，手洗い，うがい，トイレなどの，園生活の仕方を知る ○好きな遊具や安心できる場所を見つける ○園庭にある遊具を見つけ，自分の好きな遊びをする（巧技台，スクーター，砂場でままごと等）	○先生と一緒に体動かして遊ぶ ・巧技台（駆け上がり，ジャンプ，くぐる，ソフトマットに飛び込む等）・かけっこ・玉入れ遊び等・体操やリズムステップをする（後蹴り，前蹴り） ○安全に過ごすために必要な決まりやルールについて知る ・遊具や用具などの安全な遊び方や，使い方があることを知る ○食事の仕方を知り，先生や友達と食べることを楽しむ ・おやつ，牛乳，弁当の時間を楽しみにする
人間関係	○先生や友達に親しみをもち，安心して過ごす ・先生や友達，年長児に親しみをもって挨拶をしようとしたり，一緒に遊ぶことを楽しんだりする ○クラスの友達と触れ合い，皆といることが楽しいと感じる	○年長児や中学生と触れ合う ・異年齢のかかわり（ペア活動）を楽しむ ・中学生に親しみをもってかかわる
環　境	○春の自然や事象に触れる ・春の草花など，身近な自然に気づき見たり触れたりして遊ぶ ・野菜ランド（畑）の野菜の水やりをしながら生長の変化に気づき，収穫を楽しみにする ○小動物に触れて遊ぶ ・小虫（ダンゴムシ，アリ，ケムシなど）や池の生き物（キンギョ，メダカ，亀）を見たり触ったりする	○身近な遊具や用具に慣れる ・総合遊具，巧技台，スクーター，砂場，ままごとなど ○生活や遊びの中で，数，量，形，文字などに親しむ ・お知らせボードや誕生表，出席ノートなど
言　葉	○生活に必要な挨拶や言葉を知る ・名前を呼ばれて返事をする ・「おはようございます」「ありがとう」「ごめんなさい」「さようなら」など ・困ったことや嬉しいことなどを自分なりに伝えようとする	○先生や友達の話に親しみをもって聞く ○絵本や紙芝居を見たり，聞いたりする ・朝の会や誕生会などで，絵本や紙芝居を楽しむ
表　現	○音に合わせて身体を動かしたり歌ったりする ・ステップ遊びや手遊びをする（トントントン，一本橋，グーチョキパー） ○身体を動かすことを楽しむ ・ダンゴムシやカメなど，自分なりの表現を楽しむ	○友達と仲良し遊びをする ・パチパチおじぎ，足踏みたんたんなど ○自由に描いたり，作ったりする ・小虫や花など見たり感じたりしたことを絵や製作にして楽しむ
行　事	入園式，学級懇談，家庭訪問，参観日保護者会，身体測定，仲良し運動会，ふれあい参観日，誕生会（年間），安全の日（年間），降園指導（年間），避難訓練，体位測定（各学期），体重測定（年間），健康診断，近隣散歩，園外保育（芦屋川・ゴルフ場），未就園児交流（年間），預かり保育（年間），トライやるウィーク	
5歳児につなぐ	・身の回りの物のあるところを知り，整理しようとする ・スクーターなどの遊具の場所や数を意識して片付ける ・並んで順番を待つことを知る ・春の自然を親しみ，自分から見たり触れたりする ・本読みを通して，静かな雰囲気の中で話を聞く心地よさを知る	
家庭・地域との連携	・家庭訪問や学級懇談会などを通して，一人一人の入園前の様子や家庭環境などを理解する ・降園時間に幼児の様子を伝えることで，保護者との連携を密にするとともに幼児教育への理解を得る ・保育参観や保護者会，行事予定や園だより，クラスだよりを通して，園の教育方針やクラスの様子を知らせていく。また，参観日などで親子活動ができる場をつくり，触れ合いを大切にしていく ・保護者の緊張や不安を十分に受け止め，安心して親子で登園できるようにする ・連絡網を作成し，緊急時に備える ・誕生児の保護者に誕生会に参加していただき，全園児と一緒に誕生日を祝うとともに保護者同士で子育ての話をする機会をつくる	

ない。週案では，月案よりもさらに詳しく具体的な活動の指導計画になる。ねらいを達成するために，どのような活動を取り入れるのか，子どもの活動を予想して，環境構成や保育者の援助を計画していく。週案を見れば1週間の大まかな活動内容が分かるように，週案を作成するとよい。また，天候によっても活動内容が変わることも起こりうるので，晴れた場合と雨の場合の両方を記載しておく等，臨機応変な対応の計画も必要である。

期の指導計画をもとに，月案，週案が作成される。教育課程，全体的な計画や期の指導計画は，年度の終わりやはじめに見直し，修正していくが，月案や週案は，前の月，前の週に作成し，子どもの姿から育ちを見通して，子どもの育ちにねらいをもって，具体的に作成していく。期の指導計画を細かく具体的に作成している園は，それをもとに週案を作成しているという場合もある。週案の形式は，園ごとに決めて共有している。

2）日案の立て方

日案は週案をもとに，具体的に1日の保育の流れ，子どもの遊びと生活の展開を計画していく。1日の生活の中に動的な活動と静的な活動，活動と時間の流れ，必要な環境構成，必要な保育者の援助を考える。それは，週案（前の週と今週），前の日の保育の子どもの姿や保育の進め方などを省察し，計画を立てていくということである。

◇子どもの姿

前日までの子どもの発達状況や子どもが興味をもって活動していること，クラスの様子について，「～する姿が見られるようになってきた」「～に興味をもって遊ぶ姿が見られる」など，翌日のねらいや内容につなげていく。

◇ねらい

保育者が提案する「内容（活動）」を経験し，子どもにどのようなことを感じさせたいか，何に気づいてほしいかなど，保育者の願いや意図を込めて，「～を楽しむ」「～に親しむ」「～に興味をもつ」「～に気づく」「自らしようとする」というように，子どもが主語になるように書く。

◇内　容

ねらいを達成するために子どもに経験してほしいことを，「絵本『○○○』を見る」「ゲーム『ハンカチ落とし』をする」というように子どもを主語にして（前日までの子どもの姿をふまえ，子どもの状況から）ねらいを定めて活動を考えていく。「子どもの姿」と「願い」「内容」はつながりをもたせる。

◇時　間

1日の生活の流れを時間軸に沿って，活動の節目を意識して書く。

◇環境構成

ねらいや内容を達成するために適切なものとなるように，物的環境や人的環境，空間の使い方（子どもの動線，活動の仕方，物の配置など）を必要に応じて図示して書く。製作の内容や手順，ゲームのルールなども本欄に書く。

◇予想される幼児の活動

保育者の提案に対する反応や，子どもがどのように活動展開していくかなどを予想して，導入→展開→まとめの流れを考えて書く。

① **導　入（活動の提案）**　子どもに興味・関心をもたせるための大切な段階である。子どもが興味をもつような話題を提供し，子どもに伝わりやすいように視覚的なものを見せるなど，子どもの興味・関心を引きつけることを考える。

② **展　開（メインとなる活動）**　ねらいを意識しながら，子どもたちが楽しんで活動できるような進め方を考える。子どもの動線，活動に必要な準備，子どもへの説明の仕方など，その活動をスムーズに進めるために必要なことを考える。

③ **まとめ**　活動を振り返り，よかった点，頑張っていた点，工夫していた点などを話し，子どもたちが「またしたい」と思うようなまとめ方をする。どのように保育を進めたいかを考えて案を立てていくので，「～しない子どもがいる」などマイナスなこととして受け止めず，配慮が必要な場合は「～しない子どもがいれば～になるように声をかける」など必要な援助を「保育者の援助」欄に書く。

表7－6　保育者の援助にかかわる表記の仕方

言葉がけに関する援助	声をかける，知らせる，伝える，話す，尋ねる，問いかける，提案する，代弁する，助言する，応援する，励ます，誘う，説明する　など
行為に関する援助	配る，手伝う，手を添える，誘導する，一緒にする，準備するなど
提示に関する援助	見せる，示す，図示する　など
子どもの理解に関するもの	理解する，認める，褒める，受け止める，共感する，寄り添う，見守る，様子を見る，配慮する，留意する，確認する　など

◇保育者の援助

子どもの活動や状況に応じて，保育者がこまやかな言葉がけやかかわり方や指導・援助（個別・集団），場面や状況に応じての投げかけなど必要なかかわり方を考えていく。「～に気づくよう，言葉がけする」など，保育者の意図（理由，目的）を文章で記す（表7－6）。また，図7－3のように子どもに伝えていく援助を考えていく。

週案の下段には，「子どもの姿・反省」を記し，明日の保育へつなげていく。週の終わりには，保育を省察し，来週の週案の作成に生かしていく。その繰り返しから日々の保育のつながり，子どもの成長を見つめていく。

週案と日案の書き方については，次節で実践事例から説明していく。

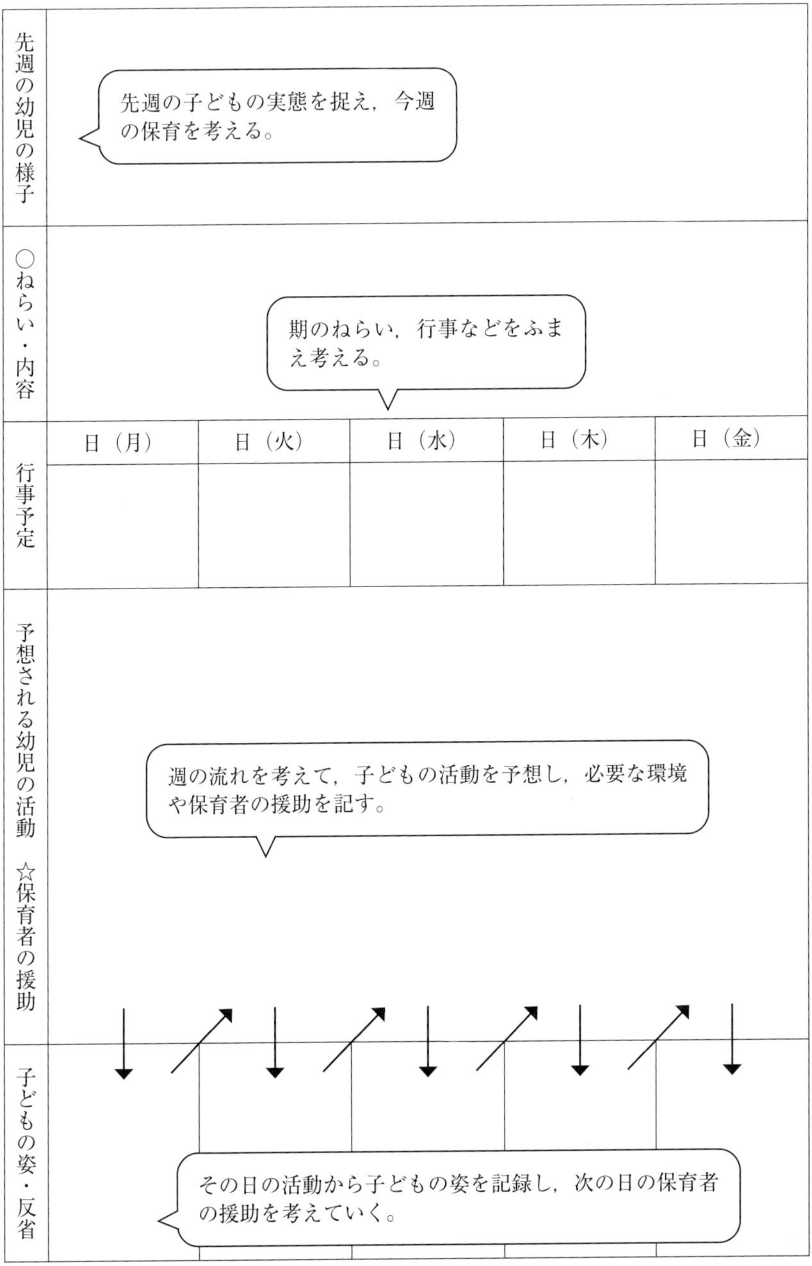
先週の幼児の様子
先週の子どもの実態を捉え，今週の保育を考える。
○ねらい・内容
期のねらい，行事などをふまえ考える。
行事予定
日（月）
日（火）
日（水）
日（木）
日（金）
予想される幼児の活動　☆保育者の援助
週の流れを考えて，子どもの活動を予想し，必要な環境や保育者の援助を記す。
子どもの姿・反省
その日の活動から子どもの姿を記録し，次の日の保育者の援助を考えていく。

図7－3　週案の形式

6．事例検討

(1) 事例プロフィール

○Ａ幼稚園２年保育４歳児　在籍24名（男児14名，女児10名）
○５月第３週
○園生活に慣れてきて，自己主張ができるようになってきた。
○自分の居場所，好きな遊びが見つかり，それぞれに遊び出している。友だちと一緒にすることも好きになってきている。
○身体を動かす遊びをしていくと，まだうまく後ろ蹴りの律動ができない幼児もいるが，ピアノに合わせて動くことは楽しんでいる。ピアノのリズムに合わせようとしている子やお尻にかかとがトントンと当ててしっかりと蹴り上げている子を認めていくと，自分もやってみようと思う姿が出ている。
○友だちと一緒に歌を歌うことが楽しくなり，気に入った歌を口ずさんで遊ぶ姿も見られる。

まず，日案（表7-7）と週案（表7-8）の流れを記す。

表7－7　2年保育4歳児の組　日案　　5月14日（火）

組編制	2年保育4歳児　　男児14名　女児10名　名計24名	
幼児の姿	連休明け，思ったより子どもたちは張り切って幼稚園に登園してきた。幼稚園の生活に慣れ，友達と一緒に遊びたい気持ちが感じられる。好きな遊び，保育室の遊びでは，ままごとコーナーでお母さんごっこをしている子，牛乳パックやトイレットペーパーの芯で，思い思いに製作している子，ブロックで遊んでいる子，お絵かきしている子など自分のしたいことが見つけられるようになってきている。T児は，自分がほしいブロックの部品を手に入れようと泣いてわがままをいう様子も見られるが，以前より，我慢することができるようになっている。M児はまだ，緊張や不安が見られるので，保育者の傍にいることで落ち着くので様子を見ながら，遊びに誘っていくようにしたい。歌を歌うことが好きになってきている。	
ねらい・内容	○好きな遊びを見つけて遊ぶ ・自分でしたい遊びを見つけて遊ぶ ○生活リズムを整え，安定した情緒で楽しく過ごす ・手洗い・うがいの正しいやり方を知り，自分で行おうとする ○「どんな色が好き」の歌を楽しく歌う ・ポンポンを使って，ダンスを踊ったりする	
時　間	○予想される幼児の活動	○環境構成　☆教師の援助と配慮　◇評価の観点
8：40 10：00	○登園する ・出席ノートにシールを貼る ・持ち物の始末をする ○好きな遊びをする ・ままごと，お母さんごっこ，製作，ブロック，お絵かき，砂場，スクーター，三輪車など ○片付けをする	○朝の用意がしやすいように室内の環境を整える。 ☆一人一人の表情や様子を見ながら挨拶を交わし，明るく笑顔で迎え入れる。 ○それぞれの遊びが安全にできるように場を設定する。 ☆それぞれの幼児が自分なりに取り組もうとしていることや思いを受け止めていく。 ◇やりたいことや遊びたい友達を自分で見つけ，意欲的に遊んでいるか。 ◇積極的に片付けに取り組んでいるか。
10：15	○律動をする ・後ろ蹴り 皆でする 一人ずつなど ○「どんな色が好き」を歌う ・ポンポンを持つ 交代をする 見合う ダンスするなど	○ピアノに合わせて楽しい雰囲気づくりや言葉がけをしていく。それぞれらしさを認めながら一人でやってみようという気持ちを大切にする。 ☆今日の活動への意欲や期待を膨らませていく。 ○友達と一緒に楽しく歌っている子を認めていく。準備したポンポンは，好きな色を選ばせて自由に遊ぶことを投げかける。順番にすることや，交代することを伝える。 ☆ポンポンを使って遊ぶことが楽しめたか。友だちと楽しさを共有できる言葉がけができたか。
11：00 11：20 11：30 11：40	○手洗い・うがいをする ○牛乳を飲む ○絵本「じゃぐちをあけると」を読む ○降園準備をする ○降園する	○手洗い・うがいの正しい仕方が分かっているかを見ていく。牛乳の苦手な子には，自分で今日の目標を決めさせて，無理はさせず，褒めていく。 ○水の不思議さや面白さを楽しめるように子どもたちの表情を見ながら読んでいく。 ☆落ち着いた雰囲気の中で読み進める。 ○自分で考えて帰宅できていることを認めながら一人一人の様子を見てていねいにかかわっていく。 ☆今日の遊びの楽しかったことなどに共感して明日の遊びに期待をもたせる。

表7－8　2年保育4歳児の組　週案（5月第3週）

組編制	2年保育4歳児　男児14名　女児10名　名計24名				
先週の幼児の様子	連休明け，思ったより子どもたちは張り切って幼稚園に登園してきた。幼稚園の生活に慣れ，友達と一緒に遊びたい気持ちが感じられる。好きな遊び，保育室の遊びでは，ままごとコーナーでお母さんごっこをしている子，牛乳パックやトイレットペーパーの芯で思い思いに製作している子，ブロックで遊んでいる子，お絵かきしている子など自分のしたいことが見つけられるようになってきた。連休前に遊びが見つからず保育者と一緒に居ることで安心していたＭ子もままごとコーナーの遊びに入っていくことができた。園庭では砂場遊びが好きなようでカップやスコップのあるところも分かって「おかずやさんごっこ」「ケーキ屋さんごっこ」「山づくり」をして遊んでいる。片付けは，少し早めに声をかけないと遊びを終えることができにくいので，1日の遊びの流れが分かるようにボードに記したりして一人一人が確認できるような工夫をしていきたい。クラスの遊びでは簡単なリズム遊びで体を動かすことが好きである。後ろ蹴りは，おしりのぽんぽんの音が聞こえるように頑張ろうと声をかけると「ぼくの音聞こえる？」「私を見て」と楽しそうにしている。先週，教えた「どんな色が好き」の歌が気に入ったようで好きな遊びの時に口ずさんでいる子がいた。子どもたちが好きなことを取り入れてクラスの遊びに発展させていきたい。新緑の美しさから，木々の葉が濃い緑色になっていることを伝えて季節が進んでいることを感じるきっかけをつくっていきたい。				
ねらい・内容	○活動や遊びを通して新しい友達ともかかわり，気の合う友達を見つける ・自分の好きな遊びを見つけて遊ぶ。一人一人が好きな遊びを見つける。友達とかかわって遊ぶ ○生活リズムを整え，安定した情緒で楽しく過ごす ・生活の流れを覚え，身の回りのことを自分でやろうとする ・手洗い・うがいの正しいやり方を知り，自分で行おうとする ○月の歌やリズム遊びを通して，音楽に親しむ ・クラスの遊びを楽しむ。歌を歌ったり，簡単な体操やダンスを踊ったりする ○春の自然や季節の移り変わりに興味をもち，不思議に思ったり調べたりする				
行事予定	5月13日（月）	14日（火）	15日（水）	16日（木）	17日（金）
	園の振替休日（土曜参観（5/11）の代休）	ミルク日	弁当日	ひよっこクラブと交流	絵本の日

予想される幼児の活動　☆保育者の援助	○好きな遊びを見つけ遊ぶ ・ままごと，ごっこ遊び，製作，ブロック ・スクーター，三輪車，ボール，フープ，砂場など ・水やり，ダンゴムシ探し，小動物との触れ合いなど ☆できたこと，試していること，見てほしいことなどを受け止め，共有したり，一緒にしたりする。 ☆子どもが言葉で表現しようとしている時にはじっくりと時間をとり，自分で伝えられた満足感を味わえるようにする。また，必要に応じて代弁をし，どう表現したらよいか伝えていく。 ☆遊び方や物の扱い方で危険があることは繰り返し伝え，子ども自身が気をつけられるようにしていく。 ☆一人一人の子どもの好きな遊びを捉え，何に興味をもっているのかを探る。 ☆片付けが楽しくできるように声をかけていく。遊びが納得して終えられるように早めに声をかける。 ○ひよっこクラブの小さな友達と遊ぶ ○絵本を借りる ○周りの幼児に伝えて，かかわりがもてるようにする	○クラスの活動 ・基本的な生活習慣を身につける（スモッグの着脱，畳む） ・春の自然に触れて遊ぶ（ダンゴムシ，花びら，池の生き物など） ・歌を歌う（「どんな色が好き」「ダンゴムシ」「サンサンサン」など） ・身体を動かして遊ぶ（後ろ蹴り，ジャンプ，かけっこなど） ・リズムを楽しむ（ポンポンを使って） ・絵本を読む（「じゃぐちをあけると」「ぐりとぐらのえんそく」など） ☆感じたことを言葉で伝えようとしている思いを受け止め，周りの幼児に伝えて，かかわりがもてるようにする。 ☆生活の変化に慣れるのに時間がかかる子どももいる。一人一人の欲求をていねいに受け止め，安心して過ごせるように援助していく。 ☆月の歌やリズム遊びは子どもが親しみやすいものを準備し，日々繰り返し行えるようにすることで活動を広げていく。 暖かい日には戸外でもゆっくり遊ぶ時間を設け，好きな遊びに夢中になれる機会を設けるようにする。 ○弁当を食べる ・手洗い・うがいをして準備する ☆手洗い・うがいのやり方を絵本などを使って説明したり保育者がやって見せたりし，子どもが分かりやすいように伝える。			
子どもの姿・反省	先週の子ども運動会では，かけっこが楽しかったことから，後ろ蹴りの律動でもしっかり足をお尻にトントンと当てることを伝えると，やってみようとしていた。歌うことが好きになってきたので，より楽しめる工夫をしていきたい。基本的な生活習慣は，一人一人ていねいにかかわっていく必要があるが，園の生活に慣れてきていることが分かる。				

（2）子どもの好きなことを取り入れて遊ぶ

保育者は，子どもたちの好きな「どんな色が好き」の歌をクラスで楽しむ遊びをしていくため，ポンポンを作成し，それを持って歌ったり，踊ったりして遊ぶことを考えた。ポンポンは，赤，黄，緑，青の4色。1人2つずつと考え，各色9組ずつ準備した。表7－9は，その実践の様子をまとめたものである。

表7－9　事例より：幼児の姿と保育者の援助の流れ

○幼児の姿	保育者の援助　◎読み取り
○立って歌う準備をしている。 張り切って歌う。 →	「みんなの好きな歌，一緒に歌おうね」とピアノを弾き始める。 「元気な声がとても素敵。今日は，ポンポンをつくってきました。2つずつ，取りに来てください」
○自分の好きな色のポンポンを各色のポンポンをいれてあるかごまで取りに来る。 急いでくる子もいる。 ←	
○T児が赤のかごに取りに来た時には，赤がなくなっていた。 T児「あかがいい」と大泣きし始めた。 →	「交代もするから，順番で使おうね」 ◎人気の色がなくなるかもしれない。子どもたちはどうするか見ていこう。
大きくうなずく。目から涙がポロポロと流れている。	「赤がいいの？」と声をかける 周りの子の様子を見ると，それぞれにポンポンを持った子は嬉しそうにしてる。 「後で交代だけど，どうする？」
「あかがいい！！」 ←	
○緑や黄色，青色の子たちは，「後で交代するんでしょ？」「がまんしないと」などと言っている。 ↓	「そうなのね。こんな時はどうしたらいいかな？」と周りの子どもたちに聞いてみた。
○T児は「がまんできない」と泣いている。	◎T児の気持ちを周りの子はどう見ているのだろう。納得できるようにしていこう。
○赤のポンポンを持った数人の子が，背中の方にすっと隠した。 ←	◎赤いポンポンを持っている子を見てみる。声は出さないまでも交代は嫌だと思っていることが分かった。
○そんな時，E児が「私，次でいい」と赤いポンポンをT児に差し出した。 ←	T児は，好きな遊びの時も自分のわがままを通そうとする幼さがあるので，ゆっくりかかわっていこうと思った。
○周りの子はじっと見ている。 ↓	E児の行動に驚いたが微笑ましい光景で

○T児は，びっくりして「Eちゃん，ありがとう！」とE児に抱き着いた。	あった。「Eちゃん，いいの？」
○T児「うん，うれしい！ありがとう」と涙をぬぐった。	「Tくん，よかったね。うれしいね」と声をかけた。
○赤いポンポンを持っていた子も背中からポンポンを出してきた。	それぞれが意思表示をしていること，それはそれでいいことと感じ，微笑ましく思った。
T児「うん」とうなずく。	「Tくん，次はTくんがお友だちの気持ちに気づいたり，譲ってあげたりできるようになると先生はうれしいな」と伝えた。
○それぞれにポンポンを振って歌っている。赤のところでは，赤のポンポンを持っている子が張り切っている。	「じゃあ，なんだかうれしい気持ちになったから楽しく歌いましょう」とピアノを弾いた。 ◎好きなようにポンポンを振っている子，回ってみたり，上にあげたりしている様子などを見ていく。
歌い終わった瞬間 ○T児がE児のところに走っていって，「ありがとう」と赤いポンポンを手渡した。	◎T児の姿に驚き，E児へ渡さないと！と思っていた気持ち，譲ってくれて本当にうれしかったことが伝わってきた。
○E児はにっこりと受け取り，「Tくん，ありがとう」と言った。	「Tくん，よかったね。Eちゃんのところに急いで持っていったTくんのこと，先生はとてもうれしいです。次から，ちょっと我慢できるTくんになれるといいなと思っているからね」と言った。
○周りの子たちもかごの返しに来るのではなく交換，交代してポンポンを手渡していった。	その後，交代して歌ったり，踊ったりして遊んだ。

(3) 考　　察

活動のねらいをしっかりともつことで，子どもの姿をどう支えていくか，何に気づかせていくかということを考えて援助していくことが大事である。遊びを進行していくことだけでなく，何を育てていくのかということを見据えて，子どもの心もちに添いながら，保育者としての自覚と感性を磨いていくことが大切である。

7. おわりに

指導計画は，保育者が子どもとどう向き合っていくかという計画である。計画通りに進まない時には，今一度，一人ひとりの育ちを振り返ったり，自分の保育の進め方を見直したりすることが，保育の質の向上につながり，次へのステップとなっていく。子どもの育ちを見通す，子どもへの願いをもつことが，大切である。指導計画の中で，遊びを通して学ぶ子どもの姿を捉えていきたい。保育者は何をする必要があるのか，保育者の援助も日々の保育の中で，培っていくものである。活動の教育的意図をしっかりと見つめ，子どもが育つ，保育者が育つ，育ち合う保育を目指したいものである。

まとめの課題

指導案作成時，保育実践後に，以下のことを意識して保育を考えることが大切です。

1．保育の展開は，子どもの発達にあっているかを考察し，次の保育へつなげよう。
2．遊び（活動）を子どもたちが楽しめるのか，この遊び（活動）での子どもの学びは何かを捉えていこう。
3．保育を省察し，気づきや課題を明確にしよう。

第8章 小学校との接続期(5歳児)の指導計画立案の実際

予習課題

1．幼稚園教育要領等に記載されている「育みたい資質・能力」および「幼児期の終わりまでに育ってほしい姿」をしっかりと読み直そう。
2．実習等で出会った5歳児の子どもたちや保育者の援助について具体的に思い出してみよう。

5歳児の指導計画を考える際に，「幼児期の終わりまでに育ってほしい姿」（以下「育ってほしい姿」）との関連を考えることは重要なことである。幼児期の終わりはまさに5歳児だからである。この「育ってほしい姿」は，「育みたい資質・能力」が育まれている具体的な姿とされている。つまり，5歳児の計画には，これらの育ちが保障されていることが必要といえよう。

幼児期の終わりまでに育ってほしい姿
（1）健康な心と体，（2）自立心，（3）協同性，（4）道徳性・規範意識の芽生え，（5）社会生活との関わり，（6）思考力の芽生え，（7）自然との関わり・生命尊重，（8）数量や図形，標識や文字などへの関心・感覚，（9）言葉による伝え合い，（10）豊かな感性と表現

本章では，6月，10月，2月の5歳児の姿と1日や週の指導計画（以下「日案」「週案」）について述べながら，「育ってほしい姿」と関連づけていきたい。さらに，評価や小学校教育との接続についても学んでいこう。

1．6月と10月の遊びの姿と日案

（1）6月の遊びの姿と日案

表8-1は，ある幼稚園の5歳児クラスの日案の抜粋である。

この日案は，遊びの部分を右側に詳しく計画している。前日の姿からこの日もするのではないかと予想する遊びや，その際の援助について書かれている。もちろん，子どもは別の遊びをするかもしれない。しかし，予想できる遊びについては計画し，準備しておくことによってタイミングよく援助することができるし，子どもが別の遊びをしたとしても，なぜ違うことに興味をもったのかをじっくりと探ることができる。それは子どもの新しい理解や保育者自身の省察につながるのである。

ここでは，「カブトムシづくり」と「海賊ごっこ」について詳しく見ていく。

〈カブトムシづくり〉

●前日までの姿　■予想される姿　★ねらい　◎援助・環境構成

●カブトムシの羽化に全員の子どもたちが興味をもち，感動した様子だった。虫が好きなサトルやショウ，製作が好きなタクヤが，教師が廃材などでつくったカブトムシを見ながらつくることを楽しんでいた。
●カブトムシの家をつくって，かわいがる様子もあった。
■友だちの様子や新しい素材に興味に興味をもち，カブトムシづくりをする子どもが増えるのではないか。
★カブトムシを自分なりに工夫しながらつくり，飛ばしたりかわいがったりして遊ぶ楽しさを味わう。
◎製作の経験が少ないサトルやショウにはつくりやすい素材も用意し，自分で取り組む姿を認め，つくって遊ぶ楽しさを感じられるようにする。
◎製作が好きなタクヤなどには，羽のつやが表現できるような素材（ビニールテープや乳飲料の容器）を用意する。
◎図鑑や絵本を置いて，カブトムシづくりや家づくりをする際に考えられるようにする。

◎保育室に虫の世界を表現することを楽しめるようにする。

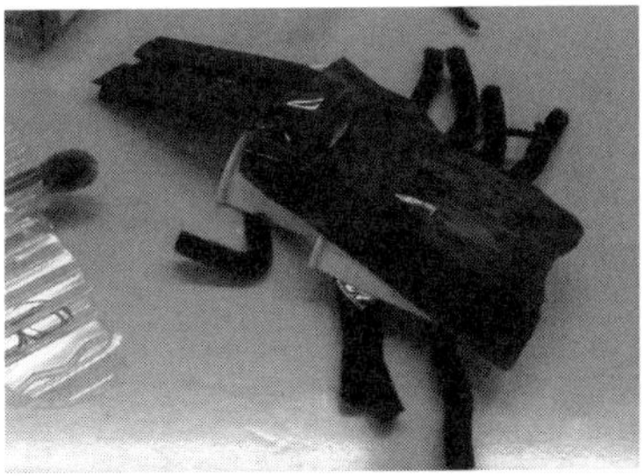

写真 8－1　サトルたちの作品①

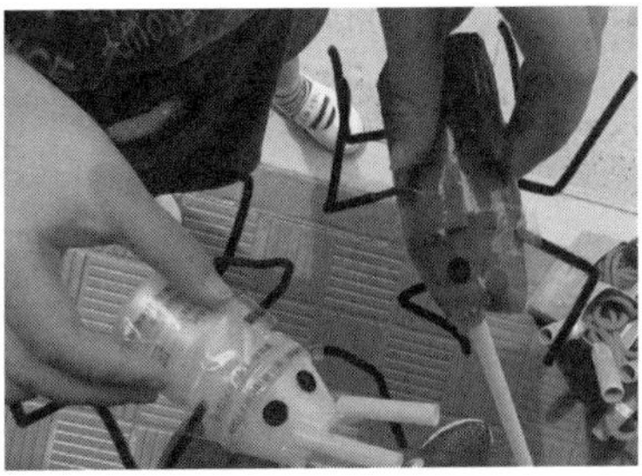

写真 8－2　サトルたちの作品②

「●前日までの姿」を見てみよう。担任のサキ先生は，全員の子どもたちが興味をもち感動したカブトムシの羽化を虫への興味や感動体験にとどまらず，何とか遊びに取り入れることができないかと願い，簡単なカブトムシをつくって置いておいた。「感じたことや考えたことを自分で表現したり，友だち同士で表現する過程を楽しんだりし，表現する喜びを味わい，意欲をもつようになる（「育ってほしい姿」豊かな感性と表現より抜粋）」ことを願った計画といえよう。ここで大切なのは，サキ先生が，サトルやショウは虫への興味から製作しているのだろう，一方，タクヤは製作が好きでつくることが多いのでその興味からかもしれないと，一人ひとりのことをていねいに理解していることだ。この理解は，翌日の援助へと適切につながる。

次に，「◎援助・環境構成」を見てみよう。サトルやショウとタクヤに提示する素材に違いがあることが分かる。また，興味が深まるように図鑑などを置く援助はいかにも５歳児らしい。さらに，興味をもっただれもが，その技量や興味に応じて自分なりのカブトムシをつくることができるようにしている。保育室の一角に，保育者が製作した大きな木や草等の虫の世界を表現することで，他の子どもたちも興味をもちやすいのではないかと考えている。

海賊ごっこは，前日の怪獣づくりがうまくいかなかったことから始まる。サ

表8-1　日案抜粋例（1）

6月○日　5歳児すみれ組		担任　○○サキ
ねらい　自分の思いや考えを友だちに表し，相手の思いや考えを受け入れようとする。		
1日の主な流れ		●前日までの姿　■予想される姿　★ねらい ◎援助・環境構成
9：00	○登園 ○好きな遊び ［保育室］ ・ピザ屋ごっこ ・パレードごっこ など ［園庭］ ・ドンじゃんけん ・砂遊び　など	●カブトムシの羽化に全員の子どもたちが興味をもち，感動した様子だった。虫が好きなサトルやショウ，製作が好きなタクヤが，教師が廃材などでつくったカブトムシを見ながらつくることを楽しんでいた。 ■友だちの様子や新しい素材に興味に興味をもち…　⇐後述 ［保育室］　海賊ごっこ　カブトムシづくり　ままごと （海賊ごっこ） ●ジュンとツヨシが段ボールで怪獣をつくるが，うまくいかなかった。マサルも加わり，怪獣を退治する海賊ごっこのイメージが広がるが片づけとなる。 ■ジュンを中心に海賊ごっこが始まる。船や武器，怪獣をつくるがイメージが共通にならないのではないか。 ★…　⇐後述 （ままごと） ●遊びが見つからないマコとメロンづくりを始め，翌日への意欲をもって片づけをする。 ■教師に誘われながら続きをする。自分で工夫してつくることは難しいのではないか。 ★目的をもち遊びを進める楽しさを感じる。 ◎タイミングを計りユキを誘い，一緒に始める。扱いやすい素材を用意しておく。
10：30	○片づけ	
10：50	○プール	
12：00	○弁当	
12：40	○好きな遊び	
13：20	○帰りの会	
14：00	○降園	

〈海賊ごっこ〉

●前日までの姿　■予想される姿　★ねらい　◎援助・環境構成

●ジュンとツヨシが段ボールで怪獣をつくるが，うまくいかなかった。マサルも加わり，怪獣を退治する海賊ごっこのイメージが広がるが片づけとなる。 ■ジュンを中心に海賊ごっこが始まる。船や武器，怪獣をつくるがイメージが共通にならないのではないか。 ★共通のイメージをもちながら遊ぶことを楽しむ。 ◎一人ひとりが互いにイメージや考えを表せるようにし，それが形になるように進める。 ◎時に一緒に海賊の仲間になり，宝探しや怪獣との闘いなど，かんたんなストーリーで展開できるようにしてみよう。 ◎段ボールを出して，怪獣づくりへの意欲を確かめながらヒントになるようにしたい。 ◎船づくりに生かせるようなキングブロックなどがすぐに出せるようにしておく。 ◎必要に応じて，共通に身につけられるお面や腕輪などを提案できるように素材を用意しておく。

キ先生は，翌日にその流れで海賊ごっこを始めること，同時にイメージを共通にすることが少し難しいだろうと予想している。５歳児というと「共通の目的を見いだし，工夫したり，協力したりなどする」という領域「人間関係」の内容を思い浮かべるかもしれない。この内容は育ってほしい姿の「協同性」にもあげられているが，５歳児１学期の子どもたちはまだまだ保育者の援助に支えられながらこの経験を積み重ねていくことになる。サキ先生は，この遊びのメンバーだからこそ，せっかく目的をもち遊び始めようとしている海賊ごっこが楽しさに向かうように，「◎援助・環境構成」をいくつも計画していく。これらのことがどの子どもたちにも，どの遊びにも必要なわけではない。自分たちで進められることもあるし，ままごと等イメージをもちやすい遊びもある。ジュンやツヨシたちにとっては援助をすることによって「★ねらい」にあるように共通のイメージをもちながら遊ぶことができること，海賊ごっこは，イ

メージが共通になりにくい遊びであることを理解し，ていねいな援助を計画しているのである。

このように，サキ先生が前日の子どもの姿から翌日の姿を予想し，そこに経験してほしいことを織り交ぜながら計画していることがよく分かる。

一人ひとりの楽しんでいることを支えながら，一人ひとりのよさや可能性，遊びのもつ難しさに対応しようとしている。そして，このような日々の援助の積み重ねが育てたい資質・能力が育まれることにつながり，「育ってほしい姿」となっていくのである。

（2）10月の姿と日案

10月３週の日案から，遊びに関するねらいを見てみよう。

遊びの中で，自分のめあてや友だちとの共通のめあてに向かって，考えたり工夫したりして遊ぶことを楽しむ。

前述の６月の遊びのねらいと違っていることが分かる。１学期のていねいな援助を支えとし，子どもたちが遊びの中で目的をもち，その実現に向かい「考えたり工夫したり」してほしいというねらいである。

表８−２に指導計画を一部抜粋する。

６月と同様に，担任が，前日までの姿→本日の予想→保育者の願い→そのための援助，と，子どもの姿から次に経験してほしいことを導き出して計画を立てていることがよく分かる。では，実際の保育はどのように展開されていたのだろうか。

「タイヤのある車づくり」を見ていく。数日前から，２，３人の男児が空き箱に既成のタイヤ（車軸にタイヤがついているパーツ）をつけた車づくりをしている。室内用の滑り台や板積み木を使って斜面をつくり，斜面の上から車を走らせるが，走る距離を伸ばすにはどうしたらよいかを試行錯誤のすえ，車体に粘土や電池を入れることもしてきた。この遊びは年長組になってから，いろいろな子どもたちがメンバーやつくり方，遊び方を変えながら繰り返し楽しんでいる。

表8－2　日案抜粋例（2）

●前日までの姿　■予想される姿　★ねらい　◎援助・環境構成

つくった物を使って遊ぶ遊び（タイヤのある車づくり，人形づくり等）
●自分の遊びに必要な物をつくり，それを使って遊ぶことを繰り返し楽しんでいる。
●遊び方が分かると繰り返し取り組んだり，担任が新しい提案や紹介したものなどにすぐに興味をもち，自分たちの遊びに取り入れたりしていくところがある。
■昨日からの続きを一緒に遊ぶ友だち同士で声をかけ合って進めていこうとする。
■自分のしたいことに向かい試行錯誤を繰り返したり，工夫しようとしたりする姿も見られる。
★思いや考えを友だちに伝えたり，友だちの言葉を聞いたりして，一緒に遊びを進める楽しさを味わってほしい。
★同じ材料を使いながらも，自分なりの工夫やアイデアを取り入れ，友だちとの違いに気付いたり，その違いを楽しんだりしてほしい。
◎友だちがつくっている物やつくった物で遊ぶ場が互いに見えやすい環境設定を心がけ，一緒に遊んでいる友だちとの違いに気づけるようにする。
◎イメージや考えを引き出しながらその思いが実現できるように，一緒に素材や用具を選んだり，自分で気づいたりできるようにする。
◎つくった物やつくった物を使って遊ぶ姿を認めたり，その楽しさに共感したりして，楽しさを十分に味わえるようにする。

この日のねらいは，前述の通り「自分のめあてや友だちとの共通のめあてに向かって，考えたり工夫したりして遊ぶことを楽しむ」である。さらに，援助として「イメージや考えを引き出しながらその思いが実現できるように，一緒に素材や用具を選んだり，自分で気づいたりできるようにする」「つくった物やつくった物を使って遊ぶ姿を認めたり，その楽しさに共感したりして，楽しさを十分に味わえるようにする」とある。このことが，シュウジに対する援助によく表れている。

例えば，〈場面1〉では，滑り台の斜面と板積み木のつなぎ目が滑らかにな

〈場面１〉

子どもの様子	保育者の援助
・シュウジは，車を室内用の滑り台の斜面から繰り返し走らせる。そのうち，さらに斜面を長くしたくなり，立方体の大型積み木と板積み木を持ってくる。滑り台の斜面の端を積み木に乗せ，そこに板積み木も乗せる。	・その様子にすぐに気がつき，「いいこと考えたね。楽しくなりそう！」と言う。
・しかし，滑り台の斜面の端とそこに続く板積み木のつなぎ目が滑らかではなく，車がそこで止まったり，スピードが落ちたりしてしまう。シュウジはそれに気がつき，板積み木を修整するがうまくいかない。	・「あ～，ここだね」と共感したり，「ここが問題みたい」とつなぎ目を強調したりする。
・「いいこと考えた！」と製作コーナーに走っていき，段ボールの切れ端を持ってくる。それをつなぎ目に挟み込み，上からガムテープを貼る。	・「よく考えたね～。これで大丈夫かも」
・車がつなぎ目で止まらずに最後まで斜面を走り下りる。	・「やった～大成功!!」と喜ぶ。

〈場面２〉

子どもの様子	保育者の援助
・床に貼った何色かのビニールテープを目標に，車を何度も滑り台の斜面から走らせるが，一番遠くのテープまでは行かず，右に曲がって止まる。シュウジは，勢いをつけて走らせようとするが，なかなかうまくいかない。	・「うまくいかないね」「まっすぐ行ってほしいよね。どうして右に曲がるのかな……」などと言うがシュウジの反応はない。

・シュウジは重さとして使っている車体の中の電池の位置を直したり，走らせ方を変えたりするが，車軸やタイヤには考えが及んでいない。	・シュウジの様子を注意深く見ているが，次第に「タイヤかな」「右に曲がる，っていうことは……」などとつぶやくように言う。
・保育者の言葉を聞いて，車体を裏返し車軸やタイヤを確認する。 ・「これか～」と前輪の車軸と車体がしっかり接着されていないことに気がつく。セロテープで貼り直し，滑り台の斜面から車を走らせる。	・「本当だ～グラグラしてたね。よく気がついた！」と言い，「これで大丈夫だといいね」とシュウジが車を走らせる様子を見守る。
・車は勢いよくまっすぐ走り，目標にしていた一番遠くに貼ったテープを軽々と超えて止まった。シュウジは「やった～」と大喜びをし，走って滑り台まで戻り，その後も何度も繰り返す。	・「やったね，大成功!!」と大きい声で喜ぶ。

らない時，〈場面2〉では，車の走る距離が思うようにいかない時にタイミングよく言葉をかけている。これは偶然ではないし，ベテランの保育者のなせる業でもない。保育者は，前日の姿からシュウジがこの遊びをすること，その中で試行錯誤をすることを予想しているのである。そして，一緒に考えたり自分で気づいたりできるような援助をすることで，思いが実現できるようにしている。シュウジによく考えてやり抜いてほしい，楽しさを十分に味わってほしいと願っているからこそ見逃さず，願いを具現化した援助をしているのである。シュウジにとって，試行錯誤のプロセスをていねいに経験したことは決して忘れることなく，経験として刻み込まれていくに違いない。もちろん，「育ってほしい姿」にある「諦めずにやり遂げることで達成感を味わう（「育ってほしい

姿」自立心より抜粋)」ことや,「気付いたり, 考えたり, 予想したり, 工夫したりする(「育ってほしい姿」思考力の芽生えより抜粋)」ことなどとつながるのである。

2．12月の遊びの姿と週案

12月第1週の週案（表8−3）を見てみよう。

週案に個人的なことが書かれていることに驚いただろうか。しかし, ここまで学んできたように, 指導計画は子どもの姿を捉えるところから始まる。「前週の姿」の①にあるように, ほとんどの子どもたちは遊びの時間にも体を動かして遊ぶことを楽しんでいる。遊びの時間は室内の遊びを好む子どももいたが, 一斉活動になると歓声を上げながら楽しむようになっていた。ところがソウマだけは違っていたのである。

前週の水曜日に一斉活動で助け鬼をした日の記録は, 以下の通りである。

ソウマは明らかに表情が冴えない。チームの作戦タイムも興味がない様子で, 1回戦の途中には「疲れた〜」と走ることさえやめてしまう。体力のなさや友だち関係の希薄さも気になるが, 意欲のなさが学級の雰囲気とどんどん違いが出てきてしまっている。

一人ひとりの発達の課題は5歳児になると顕著に表れることもあり, ソウマの場合もそうだといえよう。タケシ先生はこの姿を「前週の姿」の②に記し,「環境・援助」の③のように計画したのである。

12月第1週, タケシ先生は週案で計画したように, 遊びの時間にソウマにていねいに寄り添うことにした。思い切り体を動かして遊んでほしいと願うあまりに, ソウマに寄り添うことが少なかったと省察したからである。そして, 1人でブロック遊びを始めたソウマの傍らでゆっくり話しかけてみた。すると,「休みの日に家族で公園に行き, 公園ではかくれんぼをしてとても楽しい」ということを話し始めた。タケシ先生は,「楽しそう！　ソウマ君はどこに隠れ

表８－３　12月第１週の週案

12月第１週　たんぽぽ組週案				担任　○○タケシ
ねらい	★共通の目的に向かって考えを出し合いながら遊ぶ。 ★チームで協力して思い切り体を動かしたりしながら助け鬼を楽しむ。			
前週の姿		内容	環境・援助	
： ・ほとんどの子どもたちが遊びの時間や一斉活動で助け鬼を楽しむ。動きが巧みになり，チームで協力する姿がよく見られる。（①） ・一方ソウマの様子が気になる。体力や巧みさも課題だが意欲が感じられない。（②）		： （略）	： ・作戦タイムの際にいろいろな子どもが意見を言えるように支える。 ・ソウマに寄り添い，興味を探りたい。（③）	
月	火	水	木	金
	助け鬼	誕生会		助け鬼

るの？」と聞くと，うれしそうに次々に答える。「ブロックが終わったら先生とかくれんぼしようか？」と言うと「うん！」と返事をしたのだった。

このことが12月第２週の週案（表８－４）の「前週の姿」の④に書かれている。

遊びの時間でのかくれんぼは，タケシ先生がいつも一緒にしていたこともあってか，次々に子どもたちが入ってきて10人程になることもあった。ソウマにとっては友だちと遊びを進める楽しさ，ルールのある遊びをする中で友だちの動きを見て考えたり，互いに知らせ合ったりする経験を味わうこととなったのである。タケシ先生の願っていた鬼ごっこという遊びは，思い切り，かつ，巧みに身体を動かしながらこれらを経験する。ソウマは身体を動かすことに抵抗感や負担感があったので，鬼ごっこに参加することは大きなハードルだったのだ。タケシ先生はそのことに気がついていたものの，ソウマのもつ課題が鬼ごっこを通して何とかできないかと計画していた。しかし，かくれんぼの中で

表8－4　12月第2週の週案

<table>
<tr><td colspan="5">12月第2週　たんぽぽ組週案　　　　　　担任　○○タケシ</td></tr>
<tr><td>ねらい</td><td colspan="4">★共通の目的に向かって考えを出し合いながら遊ぶ。
★チームで協力して思い切り体を動かしたりしながら助け鬼を楽しむ。</td></tr>
<tr><td colspan="2">前週の姿</td><td>内容</td><td colspan="2">環境・援助</td></tr>
<tr><td colspan="2">：
・助け鬼の作戦タイムで，今まで意見を言わなかったチアキとアユミが発言。自分たちのこととして考え始めた様子がうれしい。
・ソウマと始めたかくれんぼにショウコとサトコが入ってきた。翌朝，ソウマが張り切ってかくれんぼに誘う様子に驚く。(④)</td><td>：
（略）</td><td colspan="2">：
・意見を言い始めたり，動き方に変化が見られたりする子どもの姿を見逃さずに取り上げたい。
・ソウマとは引き続き，かくれんぼを楽しもう。</td></tr>
<tr><td>月</td><td>火</td><td>水</td><td>木</td><td>金</td></tr>
<tr><td>地域の方々との交流会</td><td></td><td>誕生会</td><td></td><td>体重測定</td></tr>
</table>

生き生きと走って動き回り，友だちと大きな声でやりとりをする楽しそうなソウマの姿を見て，鬼ごっこという遊びに自分自身がとらわれていたことに気がつく。かくれんぼが好きなソウマに気がつき，かくれんぼを通してソウマのよさが発揮され，可能性も広がったのである。

このように，日案だけではなく週案も前週のクラスの姿，一人ひとりの姿を捉えることが大切である。その上で保育者が次の経験を導きだし，子どもたちが必要な経験を積み重ねると考えられる。

3．2月の生活や一斉活動への取り組みの姿と「幼児期の終わりまでに育ってほしい姿」

修了間近の2月は，まさに「幼児期の終わり」である。このころの子どもたちはどのような姿だろうか。2つの事例を見ていく。

事例8-1 生活への取り組み

弁当の支度の時間。子どもたちが手洗いやうがいをする中，当番のグループの子どもたちがテーブルを出し始める（遊びの時間は空間を確保するためにテーブルは折りたたんで，ロッカーの脇に片付けてある）。子どもたちは2人で1つのテーブルの両端を持ち，所定の場所まで慣れた様子で運ぶ。そして，テーブルの一辺を床に置き，折りたたんである足を広げて「いち，にのさん！」と声をかけ合いテーブルを配置していく。

事例8-2 一斉活動（ミニ音楽会）の取り組み

〰〰：保育者の援助　――：子どもの姿

アキコ先生は，たんぽぽ組のミニ音楽会を計画し，その話を子どもたちに話した。それは，今までに歌った歌から2，3曲を選んで保護者の前で歌うという計画だった。すると，「いいね」「やりたい」と声があがり①，先生が「何の曲にする？」と聞くと，「子どもの世界」「にじのむこうに」「動物島に行こう」「Let's Go いいことあるさ」「はじめのいっぽ」等と次々に曲名がでてきた②。先生は子どもたちの意欲を喜びながらも，どのように曲を決めたらよいか思いを巡らした。ちょうど降園の時間になり，話し合いは翌日に続けることになった。

翌日のこと。先生が「曲があまり多いと時間がかかるから3曲にしたいの。どうしようかな」と話し始めると，「じゃんけんは？」「嫌だ」「手をあげた人が多いのは？」「長くても大丈夫！」「少しずつ歌えばいい」等，いつになく意見がでる③。「そうね」と相槌を打ちながらも決めかねて困っていると，「自分の好きな歌，歌えばいいんじゃない？」とのこと。すると，子どもたち同士で「一人だったら？」「一人で歌えばいい」「一人だと声が小さい」「大きい声で歌えばいい」と話が進んでいく④。先生は子どもたちの話の流れに沿ってみようと思い，「自分がどうしても歌いたい歌を1つ考えてみようか」と話す。ただし，「Let's Go いいことあるさ」は皆で歌いたい，ということも話した。子どもたちはそれ以外の歌から真剣に選び始める⑤。最終的に，30人の子どもが6つの歌を選んだ。歌によっては6人だったり，2人だったりしたが，2人で歌うことになった子どもも変更することはなかった。

先生は，6曲のピアノ伴奏を1曲ずつカセットテープに録音し，翌日から子どもたちが自分たちで練習できるようにした。登園すると友だちを誘い合って練習する子どもの姿も見られた⑥。

2月の中旬のある日，保護者を招き，子どもたちはひな壇に並んだ。そして，自分の曲の前奏が聞こえると前方に出てきて歌い，歌い終わるとひな壇に戻り……を繰り返していった。この方法も，子どもたちと一緒に試行錯誤をしながら創り出したものだった。友だちの歌は真剣に見守りながら聞き，最後は，先生も大好きな「Let's Go いいことあるさ」を全員で堂々と歌いあげた。

（1）事例に見られる「育ってほしい姿」

5歳児とはいえ，テーブルを出すことは簡単なことではない。子どもたちを待たせて担任の保育者が準備することはできるし，フリーの保育者が手伝うことも可能だろう。そのほうが早いかもしれない。しかし，自分たちで生活を営んでいくことは何よりも「見通しをもって行動し，自ら健康で安全な生活をつくり出す（「育ってほしい姿」健康な心と体より抜粋）」ことであるし，友だちと「工夫したり，協力したりし，充実感をもってやり遂げる（「育ってほしい姿」協同性より抜粋）」ことでもある。

ミニ音楽会への取り組みでは，保育者と子どもたちが計画の詳細を考えたり工夫したりする過程で，ミニ音楽会が明確な共通の目的になり，やり遂げていく。まさに，「諦めずにやり遂げることで達成感を味わい，自信をもって行動する（「育ってほしい姿」自立心より抜粋）」姿といえよう。また，自分が考えるだけではなく，友だちの考えや状況からさらに考えることもできている。「友達の様々な考えに触れる中で，自分と異なる考えがあることに気付き，自ら判断したり，考え直したりするなど，新しい考えを生み出す喜びを味わいながら，自分の考えをよりよいものにするようになる（「育ってほしい姿」思考力の芽生えより抜粋）」姿であろう。

もちろん，この育ってほしい姿は到達すべき目標ではないことや，個別に取り出されて指導されるものではない。また，5歳児に突然見られるようになるものでもない。では，保育者はどのように計画していくのだろうか。

(2) 保育者の計画

1) 5歳児以前からの積み重ね

これらの姿は5歳児になって突然表れるわけではない。低年齢の時期から「幼児期の終わりまでに育ってほしい姿」をイメージすることが必要だろう。一人ひとりに発達に必要な経験が，遊びを中心とした生活，あるいは一斉活動から得られるように，昨日から今日へ，今日から明日へと積み重ねていくことが大切である。

2) 子どもと共に創る保育

事例8-2の一斉活動（ミニ音楽会）の取り組みをもう一度見ていく。この事例は，アキコ先生の計画から始まる。この園の年間指導計画では12月に劇と合奏の発表会があり，3学期は修了までゆっくりと園生活を過ごせるように配慮していた。しかし，アキコ先生は，たんぽぽ組の姿から何か全員で手応えのあることに取り組みたい，子どもたちがさらに成長する機会となると考えたのである。

表8-5に保育者と子どもたちの動きを示したが，保育者の計画と子どもたちの思いや考えが行き交っていることが分かる。たんぽぽ組の子どもたちは，どうしてこのように自分たちで考え，友だちの思いにも気づき，言葉で伝え合い，あきらめずにミニ音楽会に向かっていくのだろうか。それは，保育者と子どもたちで日常的に真剣な話し合いがされ，子どもと共に創る保育が積み重ねられているからに違いない。形式的な話し合いや，保育者の計画が一方的に進められる保育の中では，子どもたちは真剣に考えることをやめてしまう。だからといって，保育者の計画がなければ子どもの育ちの保障は難しい。保育者の計画と子どもの主体性が織り交ざり，共に創る保育がなされることで「育ってほしい姿」が育まれていくといえよう。

表 8－5　保育者の計画と子どもたちの姿

保育者の計画・決定	子どもたちの思いや考え・取り組み
ミニ音楽会を計画し，その話を子どもたちに話した	
	「いいね」「やりたい」と声があがる（①）
「何の曲にする？」と聞く	
	次々に曲名がでてくる（②）
「3曲にしたいの。どうしようかな」と話し始める	
	意見がでる（③）
決めかねて困る	
	子どもたち同士話が進んでいく（④）
子どもたちの話の流れに沿うこととする「歌いたい歌を1つ考えよう」「1曲は皆で歌いたい」と話す	
	真剣に選び始める（⑤）
ピアノ伴奏を録音する	
	友だちを誘い合って練習する（⑥）

※①～⑥は，事例8－2の下線の番号を示す。

4．評　価

保育所保育指針と幼稚園教育要領の評価に関する記載をみてみよう。

> 保育士等は，保育の計画や保育の記録を通して，自らの保育実践を振り返り，自己評価することを通して，その専門性の向上や保育実践の改善に努めなければならない。　〈保育所保育指針第1章3「保育の計画及び評価」（4）ア（ア）〉

> 指導の過程を振り返りながら幼児の理解を進め，幼児一人一人のよさや可能性などを把握し，指導の改善に生かすようにすること。その際，他の幼児との比較や一定の基準に対する達成度についての評定によって捉えるものではないことに留意すること。
>
> 〈幼稚園教育要領第１章第４−４「幼児理解に基づいた評価の実施」（１）〉

幼保連携型認定こども園教育・保育要領には，上記の幼稚園教育要領と同様の記載がある。保育をするということは，計画を作成し，実践するだけではない。指導の過程や子どもの姿を振り返ること，そして，子どものよりよい育ちのために次の経験を導き出し，子どもたちが必要な経験をより積み重ねられるように改善していくことが必要である。上記の記載やその解説部分には，子どものよさや可能性，育ちつつある様子や内面の育ちを捉えることが述べられている。ともすると，子どもの課題を捉えて指導の改善を図ることがあるかもしれない。しかし，そうではなく，一人ひとりが生かされ，そのよさが十分に発揮できるような保育でありたい。

また，保育者同士の学び合いについても述べられている。評価は，保育者が自分でするだけではなく，互いに保育を見合ったり，話し合ったり等，保育者間で行うことが重要である。そうすることで，自分では気がつかなかった子どもの姿や保育のあり方に気がつくことができ，保育者間の同僚性や組織としての専門性を高めることになるのである。

前述のサキ先生，タケシ先生の計画を改めて見てみよう。前日や前週の保育をていねいに振り返っていることがよく分かる。サキ先生であれば，虫が好きなサトルやショウ，製作が好きなタクヤのよさや可能性を把握し，必要な経験を導き出して環境を用意している。

タケシ先生は，ソウマが鬼ごっこをすることがなく，友だちとのかかわりの希薄さや体力や身体の巧みさに課題を感じていた。しかし，ソウマがかくれんぼを好きなことに気がつく。そして，「かくれんぼが好き」というソウマのよさや可能性を把握し，援助を改善していく。

評価は，自分の保育や子どもの優劣を判定するものではない。一人ひとりの子どもをより理解し，保育の改善に結びつく評価でありたい。

5．小学校教育との接続

幼稚園教育要領等と小学校学習指導要領では，幼児教育と小学校教育の円滑な接続を重視している。具体的に見ていこう。

（1）「育みたい資質・能力」と「幼児期の終わりまでに育ってほしい姿」

幼稚園教育要領等を見てみよう。「小学校校教育との接続に当たっての留意事項」として次のような記載がある。

> 幼稚園教育において育まれた資質・能力を踏まえ，小学校教育が円滑に行われるよう，小学校の教師との意見交換や合同の研究の機会などを設け，「幼児期の終わりまでに育ってほしい姿」を共有するなど連携を図り，幼稚園教育と小学校教育との円滑な接続を図るよう努めるものとする。（下線筆者）
> 〈幼稚園教育要領第1章第3－5「小学校教育との接続に当たっての留意事項」（2）〉

小学校教育との接続を考える上で「資質・能力」と「育ってほしい姿」がキーワードとなっていることが分かる。改めて，説明していく。

1）育みたい資質・能力

幼稚園教育要領等においては，「生きる力」の基礎を育むため，

・知識及び技能の基礎

・思考力，判断力，表現力等の基礎

・学びに向かう力，人間性等

の3つの柱から構成される資質・能力を一体的に育むように努めることが示されている。実は，小学校学習指導要領においては，「生きる力」を育むため，すべての教科等の目標および内容が，

・知識及び技能
・思考力，判断力，表現力等
・学びに向かう力，人間性等

の３つの柱で整理されているのである。

そもそも，幼児期の教育は，幼児期の特性をふまえ，一人ひとりの特性に応じながら環境を通して行うことを基本とし，遊びを通しての指導を中心としている。一方，小学校の教育は，時間割を設定し，学習指導要領に基づき教科書などの教材を使い各教科などの学習を系統的に学ぶという大きな違いがある。しかし，幼児期の教育から小学校の教育にかけて「生きる力」を育成するため，これらの資質・能力という柱を一貫することで，発達や学びの連続性をふまえたそれぞれの充実が図られているのである。

2）幼児期の終わりまでに育ってほしい姿

ここでは小学校学習指導要領を見ていこう。小学校学習指導要領第１章総則第２-４（１）の「学校段階等間の接続」には，以下のように示されている。

> 幼児期の終わりまでに育ってほしい姿を踏まえた指導を工夫することにより，幼稚園教育要領等に基づく幼児期の教育を通して育まれた資質・能力を踏まえて教育活動を実施し，児童が主体的に自己を発揮しながら学びに向かうことが可能となるようにすること。（下線筆者）

さらに，教科（国語，算数，生活，図画工作，音楽，体育）や特別活動の箇所を見ると，以下のように記載されている。

> 低学年においては，第１章総則の第２の４の(1)を踏まえ，他教科等との関連を積極的に図り，指導の効果を高めるようにするとともに，幼稚園教育要領等に示す幼児期の終わりまでに育ってほしい姿との関連を考慮すること。特に，小学校入学当初においては，生活科を中心とした合科的・関連的な指導や，弾力的な時間割の設定を行うなどの工夫をすること。（下線筆者）

つまり，「幼児期の終わりまでに育ってほしい姿」を手がかりにしながら，小学校の教師と幼稚園等の保育者が子どもの姿を共有することを通して，幼児期から児童期への発達や学びの連続性を理解し，計画することが求められている。

（2）幼保小の架け橋プログラム

2022（令和4）年3月，幼児教育と小学校教育の架け橋特別委員会（中央教育審議会初等中等教育分科会）から「幼保小の架け橋プログラムの実施に向けての手引き（初版）」が示された。これは，表8－6のように5歳児から小学校1年生の2年間を「架け橋期」とし，接続の時期の学びの連続性をより一層目指すものとされている。プログラムと称しているが，特定の活動を全国一律に行おうとすることを目指すのではなく，「資質・能力」と「育ってほしい姿」に照らして，さらに充実していくべきところを検討して改善することで幼児教育と小学校教育の質の向上を目指すものである。このことは，各園で行うというより，各自治体を中心に検討されていくことになる。

表8－6　架け橋期および幼保小の架け橋プログラム

年長児			小学校1年生		
1学期	2学期	3学期	1学期	2学期	3学期
架　け　橋　期					
幼保小の架け橋プログラム					

1）幼保小の架け橋プログラムにおける年長児の計画

繰り返しになるが，幼児期の教育・保育において，小学校の学習の先取りをしたり，知識や技能を一方的に教え込んだりするわけではない。主体的な活動を促し，遊びを通しての指導を中心とすることに何ら変わりはない。しかしながら，幼稚園教育要領等にあるように「小学校以降の生活や学習の基盤の育成につながることに配慮し，幼児期にふさわしい生活を通して，創造的な思考や主体的な生活態度などの基礎を培う」ことを確実に視野に入れることが大切だといえよう。具体的には，学びの芽生えを大切にした活動や協同的な活動の充実，自分たちで進める生活の充実などであろう。まさに，前述の２月のような保育ということになるだろう。今までと違う特別の活動を唐突に始めるのではなく，日々の遊びや生活の中で積み重ねていくのである。

この時期には，小学校との交流行事もよく行われる。例えば，小学校の運動会に参加したり，１年生の教室に招かれて授業の様子を見学したり交流したりするのである。これらは，幼児にとって期待や憧れとなるものであろう。できれば，年間を通して，小学校側と双方の指導計画に位置づいた継続的な活動ができることが望ましい。そうすると，互いに顔の見える関係となり，親しみをもちやすくなる。その中で，幼児にとっての意味や学びだけではなく，小学生にとっての意味や学びが確実になることが考えられ，確かな互恵性が生じる。ただし，この継続性については地域の事情などにより実現が難しいこともあろう。その場合は，イベントとしての１回の交流行事をていねいに経験させていくことがより必要となる。

２）幼保小の架け橋プログラムにおける１年生の計画

前述の小学校学習指導要領第１章総則の「学校段階等間の接続」に，以下の通り記載されている。

> 特に，小学校の入学当初においては，幼児期において自発的な活動としての遊びを通して育まれてきたことが，各教科等における学習に円滑に接続されるよう，生活科を中心に，合科的・関連的な指導や弾力的な時間割の設定など，指導の工夫や指導計画の作成を行うこと。

「合科的・関連的な指導や弾力的な時間割」などを示しているが，何よりも発達や学びの様子を理解した上で，安心できる学習環境を整えることを基本としている。

これに先立ち，2008（平成20）年の「小学校学習指導要領解説生活編」の中では，幼児期の学びから小学校教育への円滑な接続を目的としたカリキュラム編成の工夫として，「スタートカリキュラム」が示された。これは，入学した子どもが，幼稚園等の遊びや生活を通した学びと育ちを基礎として，主体的に自己を発揮し，学校生活を創り出していくためのカリキュラムである。具体的には，異学年交流や学校探検，自己紹介を兼ねたゲーム等も含まれ，１年生が少しずつ自分の力で学校生活を送ることができるよう，人間関係が豊かに広がり，学習への意欲をもてるように配慮し計画されてきている。これは，当然のことながら2017（平成29）年の「小学校学習指導要領解説総則編」に引き継がれており，新しい「幼保小の架け橋プログラム」においても同様であろう。

ここまで，５歳児の指導計画と評価について述べてきた。幼児期の終わりである５歳児としての育ちを日々の遊びや生活，一斉活動の取り組みの中で保障しようとする指導計画についてしっかりと学ぶことができただろうか。

就学を目前に控えた幼児期の終わりだからこそ，本章で紹介した子どもたちのように，

・豊かな体験を通じて，感じたり，気付いたり，分かったり，できるようになったりする「知識及び技能の基礎」
・気付いたことや，できるようになったことなどを使い，考えたり，試したり，工夫したり，表現したりする「思考力，判断力，表現力等の基礎」
・心情，意欲，態度が育つ中で，よりよい生活を営もうとする「学びに向かう力，人間性等」

という３つの資質・能力が育まれる計画でありたい。それは，子どもたちに「生きる力」の基礎を育むことになるのである。

まとめの課題

1．文部科学省のホームページから「生きる力」「幼保小の架け橋プログラム」について調べてみよう。
2．視野を広げ，小学校学習指導要領や「スタートカリキュラム」（国立教育政策研究所）等についても調べてみよう。

索　引

英数字

あ　行

か　行

さ　行

■ **編著者** （執筆担当）

戸田雅美（とだ まさみ）	東京家政大学家政学部教授	第1章
西本　望（にしもと のぞむ）	武庫川女子大学教育学部教授	第2章

■ **著　者**（五十音順）

榎本眞実（えのもと まみ）	東京家政大学短期大学部准教授	第8章
金澤妙子（かなざわ たえこ）	大東文化大学文学部教授	第5章
北村都美子（きたむら とみこ）	明徳土気こども園元園長	第6章
久米裕紀子（くめ ゆきこ）	武庫川女子大学短期大学部准教授	第7章
迫　共（さこ ともや）	比治山大学現代文化学部准教授	第3章
永倉みゆき（ながくら）	静岡県立大学短期大学部教授	第4章

教育課程・保育計画総論
―乳幼児期から小学校教育へつながる計画―

2023年（令和5年）5月31日　初版発行

編著者　戸田雅美
　　　　西本　望
発行者　筑紫和男
発行所　株式会社 建帛社
KENPAKUSHA

〒112-0011　東京都文京区千石4丁目2番15号
TEL　(03)3944-2611
FAX　(03)3946-4377
https://www.kenpakusha.co.jp/

ISBN978-4-7679-5135-5　C3037　亜細亜印刷／常川製本

（定価はカバーに表示してあります）